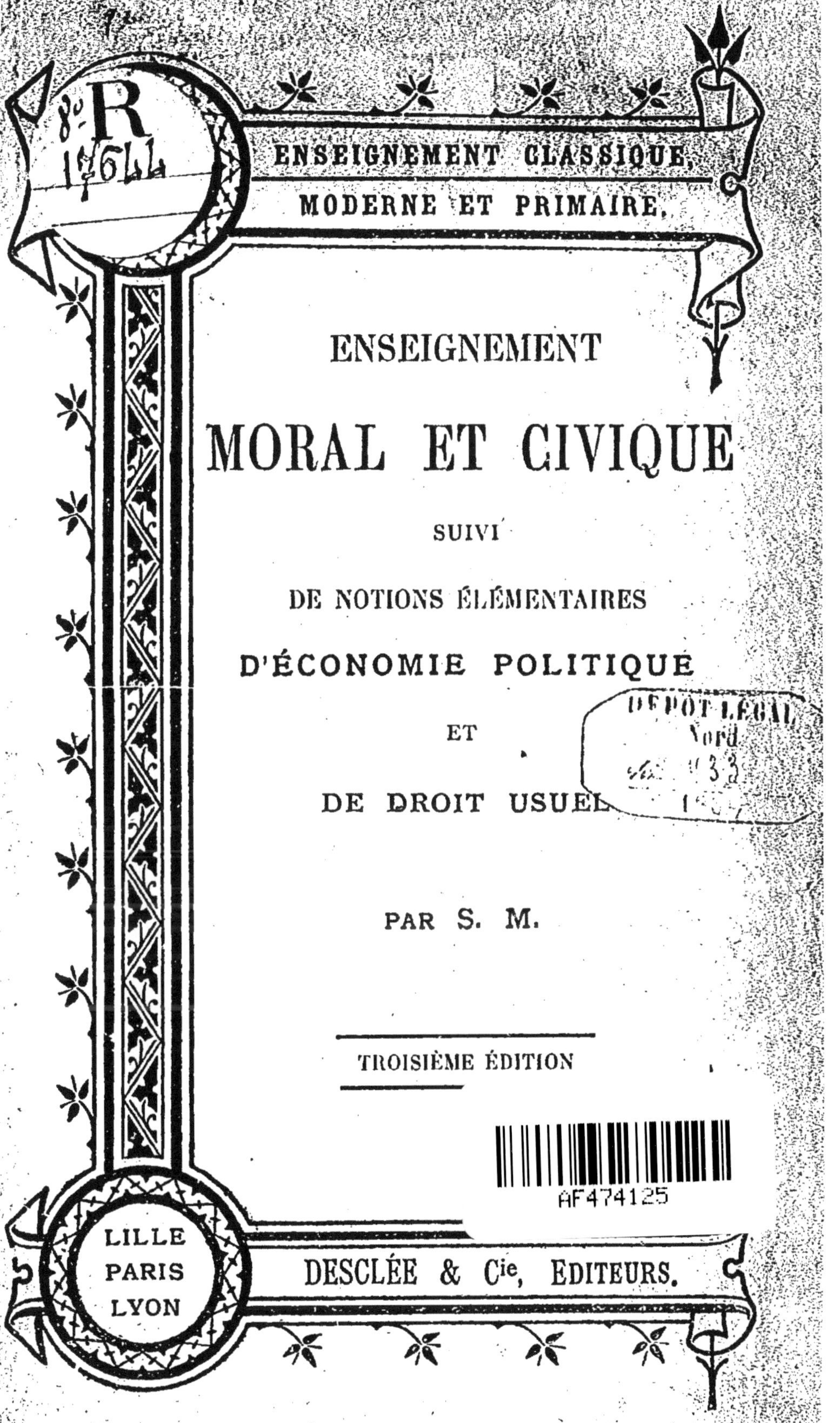

ENSEIGNEMENT CLASSIQUE,
MODERNE ET PRIMAIRE.

ENSEIGNEMENT
MORAL ET CIVIQUE

SUIVI

DE NOTIONS ÉLÉMENTAIRES

D'ÉCONOMIE POLITIQUE

ET

DE DROIT USUEL

PAR S. M.

TROISIÈME ÉDITION

LILLE
PARIS
LYON

DESCLÉE & Cie, EDITEURS.

ENSEIGNEMENT MORAL ET CIVIQUE

ENSEIGNEMENT CLASSIQUE, MODERNE ET PRIMAIRE

ENSEIGNEMENT MORAL ET CIVIQUE

SUIVI

DE NOTIONS ÉLÉMENTAIRES D'ÉCONOMIE POLITIQUE

ET

DE DROIT USUEL

Par S. M.

TROISIÈME ÉDITION

DESCLÉE & Cie, ÉDITEURS

LILLE, 41, RUE DU METZ | 30, RUE St-SULPICE, PARIS

AVIS

Ce qu'il y a de plus important et de plus simple dans les matières que contient ce petit livre, est enseigné par *demandes* et par *réponses,* afin que les enfants comprennent mieux et retiennent plus facilement. Certains développements, dont on pourra se contenter de faire une lecture expliquée, sont donnés en texte suivi et imprimés en caractères plus fins.

Les deux premières parties, qui ont pour objet l'enseignement *moral* et l'enseignement *civique*, sont destinées aux élèves du *cours moyen* et à ceux du *cours supérieur*. Les deux dernières, qui comprennent des notions élémentaires d'*économie politique* et de *droit usuel*, s'adressent seulement aux élèves du *cours supérieur*. Il en est de même des développements contenus dans les deux premières parties.

On a indiqué quelques *devoirs à faire* à la suite de chacune des trois premières parties.

PREMIÈRE PARTIE.

INSTRUCTION MORALE.

CHAPITRE PREMIER.

Notions préliminaires.

I. OBJET DE LA MORALE.

1. *Qu'est-ce que la morale ?*

La morale est la science (c'est-à-dire la connaissance de la loi que l'homme doit observer pour se rendre meilleur et arriver au bonheur.

La morale donne la connaissance du bien et du mal, du juste et de l'injuste, de la vertu et du vice. Elle fait connaître l'excellence de l'homme, ses devoirs, la perfection de sa vie, la fin dernière de son existence.

2. *Combien distingue-t-on de sortes de morales?*

On distingue la morale **naturelle** et la morale **révélée** ou **chrétienne.**

La morale naturelle et la morale chrétienne ont toutes deux le même objet : enseigner à l'homme ses devoirs. Mais la morale naturelle ne se fonde que sur les données de la raison humaine, tandis que la morale chrétienne ajoute aux lumières de la raison celles de la révélation divine, dont l'abrégé se trouve dans le **Décalogue.**

Beaucoup d'hommes, aujourd'hui, prétendent que la morale chrétienne n'ajoute rien à la morale naturelle ; ils disent qu'il n'est pas nécessaire d'être chrétien pour se respecter soi-même ni pour observer la justice envers les autres; mais ils ne s'aperçoivent pas que ces idées de dignité et de justice ne se sont répandues dans le monde que par le christianisme. Si nos pères n'avaient pas été chrétiens, nous croirions, comme les païens d'autrefois, que le vice est un plaisir innocent, et qu'il est permis de réduire son semblable en esclavage pour le faire servir à ses caprices. Si un jour les sociétés actuelles cessaient d'être chrétiennes, leur morale naturelle redeviendrait bien vite ce qu'a été la morale païenne ; elle autoriserait les plus monstrueux abus. Disons donc que chez nous, à cause de la religion qui a rendu les races meilleures et plus douces, la morale naturelle repose en fait sur la morale chrétienne.

Nous traiterons ici de la morale naturelle seulement.

II. DU BIEN ET DU MAL.

3. *Quelle est la règle fondamentale de la morale ?*

La règle fondamentale de la morale est celle-ci : « **Fais le bien, évite le mal.** »

4. *Quel est pour l'homme le résultat de l'accomplissement de cette règle ?*

L'homme qui fait le bien et évite le mal perfectionne sa nature et arrive au bonheur.

5. *En quoi consiste le bien qui peut perfectionner la nature humaine ?*

On distingue trois sortes de biens qui perfectionnent la nature humaine : les biens d'ordre **physique**, tels que la santé, la force, la beauté ; les biens d'ordre **intellectuel**, tels qu'un jugement droit, une raison éclairée ; et les biens d'ordre moral, tels que les habitudes de sincérité, de justice, de charité.

6. *Définissez le bien moral.*

Le bien moral consiste dans l'effort de notre volonté vers ce qui est bon et honnête.

Le perfectionnement physique ou intellectuel de notre nature peut être un bien moral, mais c'est quand ce perfectionnement vient d'un effort de notre volonté.

On ne dira pas que quelqu'un **fait bien** d'être grand et fort ou d'avoir une bonne mémoire; on dira simplement que c'est tant mieux pour lui. Ainsi la force et l'intelligence ne sont pas des biens moraux. Mais si quelqu'un cherche à devenir robuste afin de pouvoir mieux faire son travail, s'il développe son intelligence pour pouvoir mieux remplir son devoir, on dira qu'il **fait bien ; ce bien** qu'on approuve, c'est un **bien moral**, parce qu'il vient d'un effort de notre volonté vers quelque chose qu'il convient de désirer.

7. *Pourquoi l'homme est-il un être moral ?*

L'homme est un être moral parce qu'il est doué de raison et de liberté ; par sa raison il peut connaître la loi morale, par sa volonté libre il peut pratiquer cette loi.

La raison fait la noblesse de l'homme : l'insensé est incapable d'actes humains, c'est-à-dire d'actes moraux, précisément parce qu'il est privé de l'usage de sa raison. Or, quand l'homme, au lieu de consulter sa raison, cède à l'entraînement des passions, il cesse de se gouverner, il devient momentanément insensé. **Il est donc bien d'agir conformément à la raison et mal de faire le contraire.**

8. *Est-il vrai que la pratique du bien conduise au bonheur ?*

La pratique du bien conduit à deux sortes de bonheurs : 1° ceux qui font le bien ont au fond du cœur une paix et une satisfaction qui les rendent habituellement heureux, et qui les consolent même quand ils sont en butte aux revers ; 2° notre raison, d'accord avec la religion, nous révèle l'existence d'une autre vie, dans laquelle chacun sera traité selon ses œuvres ; les païens eux-mêmes ont cru aux récompenses et aux châtiments que la justice divine réserve dans l'autre vie au bien et au mal accomplis sur la terre.

III. LA LOI MORALE, LE DEVOIR, LA CONSCIENCE.

9. *Qu'est-ce que la loi morale ?*

La loi morale est une règle qui s'impose à des êtres **raisonnables** et **libres**. Elle veut que l'homme accomplisse les actes demandés par la droite raison quand ces actes sont au pouvoir de sa liberté.

10. *L'homme est-il indépendant par rapport à la loi morale?*

L'homme, en face de la loi morale, est **libre**, mais non **indépendant.** Celui qui est indépendant ne peut pas être puni quand il use de son indépendance ; celui qui n'est que libre reste soumis aux conséquences de ses actes. L'homme est libre de n'avoir pas soin de sa santé ; mais, s'il le fait, il en sera puni par les maladies ou la mort. L'homme est libre d'abuser de son intelligence ; mais, s'il le fait, il en sera puni par l'erreur, la déchéance intellectuelle, et, en certains cas, par la folie. L'homme est libre d'agir contrairement aux règles de la morale ; mais, s'il le fait, il en sera puni par la dégradation, par le mépris de ses semblables et par les peines que la justice humaine ou la justice divine réservent à la pratique du mal.

11. *Comment se traduit la dépendance de l'être libre et raisonnable par rapport à la loi naturelle ?*

La dépendance dans laquelle se trouve l'être libre et raisonnable par rapport à la loi naturelle a sa traduction dans l'idée du **devoir.**

12. *Qu'est-ce que le devoir ?*

Le devoir peut être défini : l'obligation qui s'impose à un être raisonnable et libre de pratiquer un certain bien **connu** et **possible** et d'éviter le mal opposé.

13. *Expliquez cette définition.*

Ne jamais tromper personne, dire toujours la vérité, voilà qui est **bien ; le mal** opposé à ce bien c'est le mensonge. Nous nous sentons obligés de dire la vérité et d'éviter le mensonge : c'est pour nous un devoir.

14. *Pourquoi dites-vous un bien* **connu** *et* **possible** *?*

Dans la maison voisine de la mienne un pauvre va mourir de faim ; évidemment il faut le secourir. Mais si **je ne sais pas** la situation de cet homme, je n'ai pas le devoir de le secourir. Si moi-même je n'ai absolument rien, ou si je suis paralysé et que je n'aie personne à envoyer auprès de lui, **je ne puis pas** le secourir, je n'ai pas le devoir de le faire.

15. *Comment connaissons-nous ce que demande ou ce que défend la loi morale ?*

C'est par la conscience.

16. *Qu'est-ce que la conscience ?*

La **conscience** ou, plus exactement, la **conscience morale**, est la faculté que possède l'homme de reconnaître si ses actes sont ou ne sont pas d'accord avec la loi morale, et de décider ainsi de la bonté ou de la malice de ces mêmes actes.

Grâce à la conscience, l'homme comprend et sent ce qu'il doit faire pour se conformer à l'ordre établi par la Sagesse créatrice, tandis que les êtres privés de raison obéissent à ce même ordre sans le savoir et sans le vouloir. Ecoutez ce que dit à ce propos le grand Bossuet :

« C'est un effet admirable de la Providence, qui régit le monde, » que toutes les créatures vivantes et inanimées portent leur loi » en elles-mêmes. Et le ciel, et le soleil, et les astres, et les » éléments, et les animaux, et enfin toutes les parties de cet » univers ont reçu leurs lois particulières, qui, ayant toutes » leurs secrets rapports avec cette loi éternelle qui réside dans » le Créateur, font que tout marche en concours et en unité sui- » vant l'ordre immuable de sa sagesse. S'il en est ainsi, si toute » la nature a sa loi, l'homme a dû aussi recevoir la sienne ; mais » avec cette différence que les autres créatures du monde visible » l'ont reçue sans la connaître, au lieu qu'elle a été inspirée à » l'homme dans un esprit raisonnable et intelligent, comme dans » un globe de lumière dans lequel il la voit briller elle-même avec » un éclat encore plus vif que le sien, afin qu'en la voyant il » l'aime, et qu'en l'aimant il la suive par un mouvement volon- » taire. »

17. *La conscience ne remplit-elle pas différents rôles par rapport à une même action ?*

Oui, elle en remplit plusieurs.

18. *Quels sont ces rôles ?*

1° **Avant l'action**, elle est d'abord une **lumière**, qui en fait connaître la moralité, c'est-à-dire la nature bonne ou mauvaise ; elle est ensuite un **maître**, qui dicte avec autorité à la volonté ce qu'il faut faire ou ne pas faire.

2° **Après l'action**, la conscience est d'abord un **juge**, qui approuve ou condamne suivant que la volonté libre a obéi ou désobéi ; elle se fait ensuite l'**exécutrice** de la sentence par la **satisfaction morale** ou par le **remords** que son jugement produit dans la sensibilité.

19. *Est-on obligé de toujours obéir à sa conscience ?*

Il n'est jamais permis d'agir contre sa conscience. Ainsi, lorsqu'elle déclare que telle action est mauvaise, on doit s'en abstenir, quoi qu'il arrive.

20. *La conscience peut-elle se tromper ?*

La conscience, n'étant que la raison appliquée à l'ordre moral, peut se tromper sur la nature bonne ou mauvaise d'une action, comme, dans l'ordre logique, la raison se trompe quelquefois en prenant le faux pour le vrai.

21. *Quelle conséquence à tirer de cela ?*

C'est qu'il faut former et développer sa conscience ; car si elle venait à se tromper sur le **bien** par suite de notre négligence ou de notre ignorance volontaire, nous serions coupables.

22. *Comment forme-t-on sa conscience ?*

Pour former sa conscience il faut : 1° **l'éclairer**, c'est-à-dire étudier ses devoirs, et recevoir avec docilité l'enseignement et les avis de ceux qui sont chargés de nous conduire ; on se fait ainsi une conscience droite ; 2° **la fortifier**, et on y arrive en faisant courageusement ce qu'elle commande, sans écouter les conseils de l'intérêt, de l'amour-propre, de la passion ou de la lâcheté.

IV. DE LA VERTU ET DU VICE.

23. *Qu'est-ce que la vertu?*

C'est l'habitude de pratiquer le bien.

L'habitude de pratiquer le bien, ou la vertu, s'acquiert, se développe, s'affermit par la fréquente répétition des mêmes bonnes actions. Certaines bonnes habitudes se prennent vite; d'autres demandent un plus long exercice.

24. *Quel est l'effet immédiat de la vertu?*

Toute habitude a pour effet de rendre l'acte plus aisé. Il s'ensuit que la vertu rend le bien plus facile, en sorte qu'on arrive à le pratiquer comme naturellement.

25. *Qu'est-ce que le vice?*

C'est l'habitude de faire le mal.

26. *Quelle remarque importante y a-t-il à faire à l'égard des mauvaises habitudes?*

C'est qu'elles se forment et s'enracinent bien plus facilement que les bonnes.

Il suffit quelquefois de faire deux ou trois fois une mauvaise action pour qu'on rencontre ensuite de grandes difficultés à s'en corriger. Il faut donc, quand on a eu le malheur de commettre une faute, prendre garde d'y retomber.

V. DE LA RESPONSABILITÉ ET DE SES SUITES.

Il est tout à fait conforme à la raison que tout agent **libre** et **raisonnable** soit responsable de ce qu'il fait.

27. *En quoi consiste la responsabilité de l'homme?*

Elle consiste dans l'obligation légitime et inévitable que l'homme a de rendre compte de ses actes et d'en accepter les conséquences.

28. *De quels actes l'homme est-il responsable?*

L'homme est responsable des actes qu'il fait avec connaissance et liberté, et qu'on appelle **actes humains** ou **actes moraux.**

La responsabilité augmente ou diminue suivant le degré de connaissance du devoir et le degré de liberté dans l'homme. L'idiotisme, la folie, le délire, qui détruisent le discernement, font aussi cesser la responsabilité morale. De même, le débiteur devenu insolvable par suite de circonstances qu'il n'a pu ni prévoir ni empêcher, n'est pas responsable moralement de ne pouvoir pas payer ses dettes.

29. *Quelles sont les conséquences des actes moraux?*

Ce sont :
1° Le mérite ou le démérite moral ;
2° La récompense ou le châtiment.

30. *Qu'est-ce que le mérite moral de l'homme?*

C'est l'accroissement de son excellence intérieure, causé par tout acte bon posé librement.

31. *Qu'est-ce que le démérite moral de l'homme?*

C'est une diminution ou une perte de son excellence intérieure, par suite d'un acte mauvais accompli librement.

Chaque être a reçu de Dieu un certain degré de bien ou d'excellence. Ce qui distingue l'homme des autres êtres, c'est qu'il est capable, par sa volonté, de s'élever au-dessus ou de descendre au-dessous du degré d'excellence qu'il a reçu ; en d'autres termes, il est en son pouvoir d'augmenter ou de diminuer sa valeur morale. Quand il pratique le bien, sa valeur augmente, il gagne ; au contraire, sa valeur diminue, il perd, quand il fait le mal.

32. *Qu'est-ce que la récompense?*

C'est tout bonheur ou avantage obtenu par l'homme pour une bonne action, par cela même qu'elle est bonne,

33. *Qu'est-ce que le châtiment?*

C'est la peine ou la souffrance infligée à l'homme pour une action moralement mauvaise, par cela même qu'elle est mauvaise.

Il y a plusieurs espèces de récompenses ou de châtiments attachés aux actions morales.

VI. DE LA SANCTION DE LA LOI.

34. *Qu'appelle-t-on sanction d'une loi?*

On appelle sanction d'une loi l'ensemble des récompenses et des peines ou châtiments attachés à l'observation ou à la violation de cette loi.

35. *Quelles diverses sanctions peut-on distinguer?*

On en peut distinguer cinq espèces : 1° la sanction naturelle ; 2° la sanction légale ; 3° la sanction sociale ; 4° la sanction intérieure ; 5° la sanction supérieure ou divine.

1° Il y a des récompenses et des châtiments naturellement attachés à certaines vertus et à certains vices. Ainsi, il est naturel que la sobriété entretienne et fortifie la santé, que l'intempérance soit une cause de maladie. L'adage le dit : **La table tue plus de monde que la guerre.** Il est naturel encore que le travail et l'économie produisent l'aisance et la fortune; que la paresse et la dissipation amènent les privations et la misère.

2° La sanction légale consiste surtout dans les châtiments édictés contre les violateurs de la loi.

3° La sanction sociale consiste dans l'estime et la confiance publiques dont jouit généralement l'homme vertueux, et dans le mépris universel que s'attire l'homme vicieux.

4° La sanction intérieure consiste dans la paix de la conscience, que donne la pratique du bien, et dans le remords qui suit le crime.

5° La sanction divine consiste dans les récompenses et les châtiments de l'autre vie.

Les quatre premières espèces de sanctions sont insuffisantes, soit pour satisfaire l'instinct de justice et de bonheur qui est en nous, soit pour sauvegarder la justice de la Providence.

A. « Plus je rentre en moi-même et me consulte, dit Rousseau, plus je lis écrit dans mon âme : **Sois vertueux et tu seras heureux.** » Il n'en est pourtant pas toujours ainsi sur cette terre, où souvent le méchant prospère et le juste reste opprimé. Cependant, elle ne saurait tromper, la conscience qui affirme que le bonheur doit être le partage de la vertu. Il faut donc une sanction supplémentaire, une sanction supérieure et divine qui, après cette vie donnée à l'homme pour travailler et mériter, établisse complètement et définitivement l'harmonie nécessaire entre le bonheur et le bien pratiqué, entre le châtiment et le mal commis.

B. Dieu n'a certainement pas fait l'homme pour la souffrance. Cependant les bons, qui font leur possible pour ne pas changer leur destinée, ont en cette vie, comme les autres, une large part de peines et de souffrances. Il faut donc que Dieu leur donne, dans une vie future, le bonheur pour lequel il a fait l'homme.

Mais, si la justice de Dieu veut que l'homme vertueux ait le bonheur en partage dans la vie future, elle ne saurait permettre que le crime du méchant reste impuni. Il y a donc aussi, après cette vie, des châtiments réservés au coupable.

36. *Qu'est-ce qui assure le mieux, le plus efficacement la fuite du mal et la pratique du bien?*

C'est la croyance en un Dieu infiniment bon et juste, rémunérateur de la vertu et vengeur du crime.

L'homme vertueux trouve, dans la croyance en Dieu, un solide appui et un puissant stimulant pour sa vertu. Ce n'est plus seulement par devoir qu'il pratique le bien, c'est aussi par amour, par reconnaissance et par l'espérance du bonheur.

L'homme vicieux trouve, dans la même croyance, un frein salutaire à ses passions, une forte barrière à ses désordres, en même temps qu'une pressante invitation à changer de conduite et à devenir meilleur.

37. *Quelle conclusion faut-il tirer de ces considérations sur la loi morale, la conscience et l'idée de Dieu?*

C'est que la religion est le **fondement nécessaire** de tout l'ordre social. Séparées de l'idée religieuse qu'elles renferment et d'où elles tirent leur vraie valeur, les notions de loi morale et de conscience perdent toute leur portée, et les mots qui les représentent ne sont plus que de vains sons.

VII. DIVISION DES DEVOIRS DE L'HOMME.

38. *Comment peut-on diviser les devoirs de l'homme?*

Dieu étant l'auteur de la loi morale, tous les devoirs, à ce point de vue, sont des devoirs envers Dieu. Cependant, suivant que l'on considère l'homme dans ses rapports avec Dieu, avec ses semblables ou individuellement, on peut diviser ses devoirs en trois espèces :

1° Devoirs envers Dieu;
2° Devoirs individuels ou envers soi-même;
3° Devoirs envers le prochain.

CHAPITRE II.

Des devoirs de l'homme envers Dieu.

I. CONSIDÉRATIONS GÉNÉRALES.

39. Il existe un ÊTRE supérieur, souverainement parfait, cause et fin nécessaires de la création. Cet ÊTRE, c'est DIEU.

Dès son berceau, l'humanité connut DIEU et l'adora. La croyance à son existence est enracinée au fond des consciences, comme le premier besoin de l'âme et la plus haute expression de la raison.

Tout, en nous et hors de nous, nous révèle DIEU et affirme son existence. Notre intelligence le conçoit comme la source de toute vérité; notre cœur, insatiable en ses désirs, n'a de repos qu'en DIEU; l'univers, avec ses beautés et ses magnificences, publie ses grandeurs, sa sagesse, sa bonté et sa puissance infinies.

Le premier devoir et le suprême intérêt de l'homme, c'est de le connaître, d'espérer en lui, de l'aimer et de le servir de tout son cœur.

II. DE DIEU.

40. *Qu'est-ce que Dieu?*

Dieu est un pur esprit, infiniment parfait, créateur du ciel et de la terre et souverain maître de toutes choses.

41. *Qu'est-ce à dire que Dieu est un esprit?*

C'est-à-dire que c'est un être intelligent, capable de connaître, de vouloir et d'agir librement.

42. *Qu'est-ce à dire que Dieu est un pur esprit?*

C'est-à-dire qu'il n'a point de corps, qu'il n'y a rien de matériel en lui.

43. *Qu'est-ce à dire que Dieu est infiniment parfait?*

C'est-à-dire qu'il possède toutes les perfections, et qu'il les possède chacune dans une mesure infinie.

44. *Nommez quelques perfections de Dieu.*

L'éternité, l'immensité, la bonté, la toute-puissance, la sainteté, la justice, la miséricorde, etc.

45. *Qu'est-ce à dire que Dieu est éternel?*

C'est-à-dire qu'il n'a point eu de commencement et qu'il n'aura jamais de fin.

En Dieu, point de passé ni d'avenir, parce qu'il n'y a point de changement : pour Dieu, tout est dans un présent éternel.

L'existence de l'homme a un commencement, mais elle ne doit pas finir : l'âme de l'homme est immortelle.

46. *Qu'est-ce à dire que Dieu est immense?*

C'est-à-dire qu'il est présent partout et à tout.

Dieu voit tout, entend tout, connait tout, gouverne tout.

47. *Qu'est-ce à dire que Dieu est bon?*

C'est-à-dire qu'il veut et fait du bien à toutes ses créatures, et particulièrement à l'homme.

48. *Nommez quelques-uns des biens que Dieu donne à l'homme.*

Parmi ces biens on peut nommer l'existence, les aliments, le vêtement, les qualités de l'esprit et du cœur, la grâce de connaître Dieu et de pouvoir, en l'aimant et en le servant, arriver au bonheur éternel.

Dieu donne les biens naturels à toutes ses créatures, mais dans des mesures différentes. Ainsi, il en accorde plus aux plantes, douées de la vie, qu'aux minéraux qui en sont privés ; il en accorde plus aux animaux, favorisés du mouvement et de la sensibilité, qu'aux plantes, qui en sont dépourvues. Mais c'est l'homme, qu'il a fait roi et usufruitier de l'univers en lui donnant la raison, qui a la meilleure part de ces biens.

49. *Qu'est-ce à dire que Dieu est tout-puissant?*

C'est-à-dire qu'il peut faire tout ce qu'il veut. La création et le gouvernement de l'univers sont des œuvres de de la toute-puissance de Dieu.

Dieu ne peut ni vouloir ni faire le mal, parce que le mal est contraire à sa nature, qui est d'une bonté parfaite.

50. *Qu'est-ce à dire que Dieu est saint?*

C'est-à-dire qu'il ne peut vouloir et faire que le bien,

et que nécessairement il approuve le bien et condamne le mal.

51. *Qu'est-ce à dire que Dieu est juste?*

C'est-à-dire qu'il récompense le bien et punit le mal, et rend à chacun suivant ses œuvres.

52. *Qu'est-ce à dire que Dieu est miséricordieux?*

C'est-à-dire qu'il pardonne au coupable lorsque celui-ci se convertit sincèrement.

53. *Qu'appelle-t-on la Providence de Dieu?*

On appelle **Providence** le soin que DIEU prend de toutes ses créatures pour les conserver et les conduire à leur fin.

La Providence, c'est la sagesse, la bonté et la puissance de DIEU en acte dans l'univers. C'est DIEU qui conserve et gouverne tout par les lois qu'il a établies; c'est lui qui dispose et règle tous les événements : rien n'arrive sans son ordre ou sa permission.

La Providence suit chaque être dans sa course à travers le temps et l'espace, veille sur lui comme une mère sur son enfant. Elle est le secours des malheureux, l'espérance du juste et la terreur des méchants. Il est doux de l'invoquer, doux et équitable de la bénir et de l'adorer.

III. DE LA VERTU DE RELIGION.

54. *Qu'est-ce que la religion?*

La religion est une vertu morale par laquelle on rend à DIEU l'hommage ou le culte suprême qui lui est dû, et qu'on appelle **l'adoration.**

55. *Qu'est-ce qu'adorer Dieu?*

Adorer DIEU, c'est le reconnaître pour le créateur du ciel et de la terre, et le souverain maître de toutes choses ; c'est s'attacher à lui par la soumission, la reconnaissance, l'amour et la confiance.

56. *Quelles sont les trois espèces de culte que l'homme doit à Dieu?*

L'homme doit à DIEU un culte intérieur, un culte extérieur et un culte public.

57. *En quoi consiste le culte intérieur?*

Le culte intérieur est l'hommage de l'âme seule, et il consiste en des sentiments purement intérieurs de soumission, de reconnaissance, d'amour et de confiance envers Dieu.

58. *En quoi consiste le culte extérieur?*

Le culte extérieur est l'hommage du corps aussi bien ue de l'âme; il consiste à exprimer, par des paroles ou es actes extérieurs, les sentiments religieux de l'âme, et e traduit par des prières vocales, le chant des louanges e Dieu et les cérémonies religieuses.

59. *En quoi consiste le culte public?*

Le culte public est l'hommage que nous rendons à Dieu omme êtres sociables; il consiste à prendre part aux ssemblées religieuses, aux prières solennelles, aux sacriices, etc.

V. CONSIDÉRATIONS GÉNÉRALES SUR LE DEVOIR ET LE BESOIN DE PRATIQUER LA RELIGION.

60. **1° La pratique de la religion est un devoir.** — Pour peu u'on réfléchisse, il n'est pas possible de concevoir l'homme, créaure raisonnable, sans des rapports avec Dieu, son créateur, son aître et son père; sans l'obligation de l'honorer par le témoignage e sa dépendance, de sa reconnaissance, de sa confiance et de son mour, c'est-à-dire par l'hommage de tout son être : de son âme, ar un culte **intérieur**, et de son corps, par un culte **extérieur**.

De plus l'homme est un être **sociable**, et Dieu est l'auteur de la ociété, aussi bien que des individus qui la composent. La société oit donc à Dieu un culte **public**, comme l'individu lui doit un ulte **privé**.

D'ailleurs, si, parmi les bienfaits de Dieu, les uns nous sont peronnels, les autres nous sont communs avec les membres de la soiété dont nous faisons partie. Nous devons donc rendre grâces à ieu en commun dans des assemblées religieuses.

Aussi, l'existence d'une religion imposée par Dieu à l'homme st-elle une vérité dont la croyance est constante et universelle, omme la croyance à l'existence même de Dieu. Sans parler des uteurs sacrés, tous les historiens profanes font mention de la reliion des peuples dont ils s'occupent, et en parlent comme d'une nstitution divine nécessaire aux hommes. Les philosophes qui conaissaient le mieux les mœurs des peuples, attestent la même vérité. « Chaque nation a sa religion, dit Cicéron; la nature nous apprend » à honorer Dieu, et il n'est personne qui ignore la loi qui le com» mande. » — « Parcourez la terre, dit Plutarque, vous pourrez » trouver des villes sans murs, sans lettres, sans lois, sans palais, » sans monnaies; mais un peuple sans Dieu, sans prières, sans ser» ments, sans culte religieux, sans sacrifices, nul n'en vit jamais. » « Celui, dit Platon, qui renverse la religion, renverse le fonde» ment de toute société; » et Rousseau : « Jamais État ne fut fondé » sans que la religion lui servît de base. »

61. **2° La pratique de la religion est un besoin.** — L'homme est fait pour le bonheur; il le cherche et le poursuit naturellement et invinciblement. Ce bonheur, il ne saurait le trouver en lui-même; les autres créatures de ce monde, toutes bornées, finies et inférieures à lui, ne peuvent non plus le lui donner. DIEU, et DIEU seul, vérité infinie, peut satisfaire notre intelligence; DIEU, et DIEU seul, bien souverain, peut apaiser la soif de bonheur dont notre cœur est dévoré et que les créatures ne font que rendre plus ardente. Le roi Salomon, qui avait eu en partage, peut-être plus qu'aucun autre mortel, la gloire, la puissance, la richesse, en un mot, tous les biens de ce monde, confesse, désabusé et le cœur vide, que « tout n'est que » vanité et affliction d'esprit sur la terre ».

Un païen, Platon, en qui la raison a brillé d'un si grand éclat, écrit : « L'homme juste, en s'approchant des autels, en communi- » quant avec DIEU par la prière, les offrandes et toute la pompe du » culte religieux, fait une action noble, sainte, utile, nécessaire à » son bonheur et conforme à sa nature. »

Le grand Augustin, après s'être fatigué inutilement à la recherche du bonheur dans les plaisirs, le savoir et la renommée, s'écrie détrompé : « Vous nous avez faits pour vous, ô mon DIEU, et notre » cœur est dans le trouble et l'agitation jusqu'à ce qu'il repose en » vous. »

Sans la religion, la vertu n'est qu'un vain nom. « Je n'entends » pas, est obligé de confesser Rousseau, qu'on puisse être vertueux » sans religion, j'eus longtemps cette opinion trompeuse, dont je » suis bien désabusé. »

Le bonheur des sociétés humaines, de même que celui des individus, est fondé sur la religion. « Otez la religion à la masse des » hommes, dit Portalis, par quoi la remplacerez-vous? Si l'on n'est » pas préoccupé du bien, on le sera du mal : l'esprit et le cœur ne » peuvent demeurer vides. Quand il n'y aura plus de religion, il » n'y aura plus ni patrie, ni société pour les hommes qui, en recou- » vrant leur indépendance, n'auront que la force pour en abuser. » C'est surtout dans les Etats libres que la religion est nécessaire. »

« Si ce monde était gouverné par des athées, dit Voltaire, il vau- » drait autant être sous l'empire immédiat de ces êtres infernaux » qu'on nous peint acharnés contre leurs victimes. »

Par les citations qui précèdent et que l'on pourrait continuer indéfiniment, on voit que le **Décalogue**, en prescrivant par son premier commandement l'adoration et le service de DIEU, pose en même temps le fondement du bonheur des hommes et des nations.

V. DU RESPECT DU NOM DE DIEU [1].

62. Une conséquence nécessaire de la connaissance de Dieu, de sa grandeur et de sa majesté infinies, c'est l'obligation de respecter son saint nom et d'éviter de le profaner : la profanation d'un nom se rapporte directement à la personne qu'il désigne.

---

1. Le programme des écoles primaires insiste sur le respect du saint nom de DIEU.

63. *Comment peut-on profaner le saint nom de Dieu ?*

On peut profaner le nom de Dieu de trois manières principales : par le blasphème, par les mauvais serments et par la violation des vœux.

64. *Qu'est-ce que le blasphème?*

Le blasphème est une parole injurieuse à Dieu.

On peut blasphémer contre Dieu de trois manières :

1° En refusant à Dieu ce qui lui appartient essentiellement, par exemple, quelqu'une de ses perfections ;

2° En lui attribuant des défauts ou en lui souhaitant du mal;

3° En attribuant à la créature ce qui ne convient qu'à Dieu seul, comme la toute-puissance, la toute-science, etc.

65. *Qu'est-ce que le serment ou jurement?*

Le serment ou jurement est un acte de religion par lequel on prend Dieu à témoin de la vérité de ce que l'on dit ou de ce que l'on promet.

66. *Comment fait-on un serment?*

On peut faire un serment ou jurer :

1° En levant la main avec l'intention de jurer ;

2° En disant ou en écrivant, toujours avec l'intention de jurer : **Je jure ; je prends Dieu à témoin**, etc.

67. *Quelles sont les conditions requises pour qu'il soit permis de faire un serment?*

Ces conditions sont au nombre de trois. Il faut que la chose pour laquelle il s'agit de jurer soit en même temps : **vraie, bonne ou juste**, et **importante**.

Le serment fait pour confirmer une chose fausse ou une promesse trompeuse constitue contre Dieu une faute très grave appelée parjure.

On est obligé d'accomplir un engagement confirmé par un serment, toutes les fois que la chose est possible, bonne, honnête et raisonnable ; par contre, on n'est pas tenu d'accomplir un serment impie ou injuste ; après s'être rendu coupable en le prêtant, on commettrait une nouvelle faute en le tenant.

68. *Qu'est-ce que le vœu?*

Le vœu est une promesse délibérée faite à Dieu, par laquelle on s'oblige à une bonne œuvre, comme une aumône, une prière, etc.

Ne pas accomplir une telle promesse, ce serait violer son vœu et faire une injure à Dieu.

CHAPITRE III

Des devoirs de l'homme envers lui-même.

I. CONSIDÉRATIONS GÉNÉRALES.

69. Remarquons d'abord que, l'homme vivant en société, ses devoirs envers lui-même se rapportent aussi très souvent au prochain.

Les devoirs de l'homme envers lui-même peuvent se ramener à ces trois points :

1° Respecter la dignité de sa nature ;

2° Se perfectionner par le développement de ses facultés ;

3° Employer utilement son activité, c'est-à-dire se livrer au travail.

II. DU RESPECT DE LA NATURE HUMAINE EN GÉNÉRAL.

70. *Qu'est-ce qui fait l'excellence de la nature de l'homme?*

C'est d'abord son âme raisonnable et immortelle, capable de connaître, d'aimer, de vouloir et d'agir librement; c'est ensuite son corps, chef-d'œuvre de la création matérielle, demeure, compagnon et instrument de l'âme.

71. *A quoi doit s'étendre le respect de l'homme envers lui-même ?*

A son corps, à son âme, à sa parole.

III. DU RESPECT DU CORPS ET DE L'AME.

72. *Que comprend le respect que l'homme doit à son corps ?*

Il comprend la conservation de sa vie, de sa santé, de l'intégrité de ses membres et de ses sens, etc.

73. *En quoi consiste le respect dû à l'âme ?*

Il consiste surtout à la préserver du vice.

L'effet du respect envers soi-même, c'est de se conserver une âme saine dans un corps sain, comme le voulaient les anciens.

74. *De quelles vertus le respect de l'âme et du corps exige-t-il surtout la pratique ?*

De la tempérance et des vertus qui s'y rattachent, particulièrement de la sobriété, de la chasteté, de la pudeur et de la modestie.

75. *Qu'est-ce que la tempérance ?*

C'est une vertu qui règle, conformément à la raison, l'usage des choses sensibles, surtout de celles qui flattent les sens du goût et du toucher.

76. *En quoi consiste la sobriété ?*

Elle consiste à garder la modération dans le boire et le manger.

77. *Quel est le vice opposé à la sobriété ?*

C'est la gourmandise.

78. *En quoi consiste la gourmandise ?*

Dans l'usage immodéré du boire et du manger.

La gourmandise est un vice grossier; elle avilit et dégrade celui qui s'y laisse aller. Il en est ainsi surtout lorsqu'elle va jusqu'à l'ivresse, qui fait perdre la raison et rend l'homme semblable aux animaux, ou plutôt le met au-dessous des bêtes, car celles-ci ne mangent pas au-delà de leurs besoins.

79. *Qu'est-ce que la chasteté?*

C'est une vertu qui fait éviter avec soin les choses déshonnêtes, indécentes : pensées, désirs, regards, paroles, actions.

80. *Qu'est-ce que la pudeur ?*

C'est une crainte vertueuse qui fait que l'on écarte ou fuit promptement, et comme par instinct, tout ce qui peut blesser la chasteté, dont elle est la gardienne et comme la sentinelle.

La pudeur est la plus belle couronne de la jeunesse, dit un ancien.

81. *Quel est le vice opposé à la chasteté ?*

C'est l'impureté ou le vice honteux.

La chasteté est une vertu éminemment sociale et nécessaire au genre humain. Sans cette vertu, la vie s'altère et se flétrit dans ses sources, les familles s'épuisent et disparaissent, les nations s'affaiblissent et périssent dans la fange[1].

La chasteté, comme les autres vertus, a son siège dans l'âme. C'est de là qu'elle commande à tous les sens et à toutes les facultés de l'âme pour repousser le mal qui l'attaque, et pour assujettir les sens et les passions à l'empire de la raison.

La chasteté est la fleur des vertus. Dans un enfant, dans un jeune homme, elle est le témoignage le plus imposant de son respect pour la dignité humaine en sa personne et en celle du prochain. « Celui qui l'a conservée jusqu'à vingt ans, dit Rousseau, est à cet » âge le plus heureux, le meilleur et le plus généreux des » hommes. »

Pour conserver cette vertu si précieuse, il faut lui donner pour cortège inséparable le travail, la piété et la tempérance, et placer la pudeur aux avant-postes.

L'impureté est le renversement de la nature humaine. Dans l'homme livré à ce vice, c'est le corps, ce sont les sens qui commandent, et c'est l'âme qui en est la servante avilie et dégradée.

Le vice impur éteint dans l'homme tout sentiment noble, élevé, généreux; il fait de tous ses esclaves autant de tristes et malheureuses victimes; la perte de l'honneur, de la santé et une mort prématurée en sont souvent les suites. « Il n'y a rien, dit Quintilien, de si troublé, de si agité, de si partagé, de si déchiré par mille affections différentes qu'un cœur vicieux. »

L'enfant, le jeune homme atteint de ce vice devient dur, ingrat, égoïste, insubordonné. « J'ai toujours vu, dit encore Rousseau, que » les enfants corrompus de bonne heure sont devenus méchants et » cruels. Ils ne connaissent ni pitié, ni miséricorde. Ils sacrifieraient » père, mère, et l'univers entier au moindre de leurs plaisirs. »

Le 6e et le 9e précepte du Décalogue prescrivent la vertu de chasteté, et protègent ainsi les individus, les familles et les nations contre le vice le plus funeste à la nature humaine.

82. *Qu'est-ce que la modestie ?*

C'est la composition bien ordonnée de tout l'extérieur de l'homme; elle s'étend au maintien, à la mise, à la démarche, aux gestes, au parler, en un mot à l'homme tout entier; elle fuit toute liberté déplacée.

La modestie, en bridant les sens, dit un ancien, empêche les bonnes choses de sortir de l'âme et les mauvaises d'y entrer.

---

1. Les attentats à la pudeur sont punis par le Code pénal, art. 330 et suivants.

IV. DU RESPECT DE SA PAROLE.

83. *Qu'exige le respect de sa parole?*

Il exige la sincérité dans ce que l'on dit et dans ce que l'on promet.

84. *En quoi consiste la sincérité dans ce que l'on dit ?*

Elle consiste à parler suivant sa pensée ou à éviter le mensonge.

La sincérité ou la franchise ne consiste pas à dire tout ce que l'on pense, mais à penser tout ce que l'on dit. Celui qui dit tout ce qu'il pense est un étourdi, parfois un imprudent ou un médisant; celui qui parle contre sa pensée est un menteur; celui qui parle quand il faut parler et ne dit alors que ce qu'il pense est un homme sérieux et sincère.

85. *En quoi consiste le mensonge ?*

Il consiste à parler contre sa pensée avec l'intention de tromper le prochain.

Il ne faut pas confondre le mensonge avec l'erreur. L'erreur consiste à prendre involontairement le faux pour le vrai. Celui qui parle conformément à ce qu'il croit être la vérité, ne ment pas, lors même qu'il dit ce qui n'est pas ; il se trompe simplement.

86. *Peut-on aussi mentir par action ?*

Oui, la **dissimulation** et l''**hypocrisie** sont des mensonges d'action.

87. *En quoi consiste la dissimulation ?*

A manifester, par des actions, des pensées ou des sentiments que l'on n'a pas.

88. *Qu'est-ce que l'hypocrisie ?*

C'est une espèce de dissimulation par laquelle on affecte les dehors d'une vertu que l'on n'a pas.

L'homme a reçu la parole pour dire la vérité. Le mensonge est donc un abus, une profanation de la parole, don des plus précieux que DIEU ait faits à l'homme.

Un des liens sociaux les plus importants, c'est la sincérité dans les rapports, dans les relations. Le mensonge, qui déguise la vérité, est donc un dissolvant de la société. **Le menteur est pire que le voleur,** dit le proverbe.

89. *Comment se prouve la sincérité dans les promesses et les engagements?*

Par la fidélité à les tenir, à les exécuter.

90. *Est-ce que toutes les promesses ou engagements obligent aussi rigoureusement les uns que les autres?*

Non; il y a des engagements de **simple fidélité à sa parole** ou engagements **d'honneur**, et des engagements de **stricte justice**. Les premiers obligent moins rigoureusement que les seconds; mais un honnête homme tient tous ses engagements: la parole de quelqu'un, c'est **lui-même**.

Le 8e précepte du Décalogue prescrit le respect de la vérité ou la sincérité dans les paroles et les actions. Il pose ainsi une des bases des sociétés humaines.

V. DES DEVOIRS DE PERFECTIONNEMENT DE L'HOMME.

91. L'Homme est doué d'une triple vie: **vie physique**, qui se manifeste par le jeu des organes corporels; **vie intellectuelle**, qui se manifeste par la pensée; **vie morale**, qui se manifeste par les sentiments et par l'action réfléchie.

Mais ces trois formes de la vie ne sont pas parfaites chez l'homme dès sa naissance; le développement physique, intellectuel et moral se fait **progressivement**: à mesure que le corps de l'enfant se développe, son intelligence et sa conscience entrent en jeu d'une manière plus active. C'est par degrés que les organes et les facultés arrivent à leur épanouissement complet. L'homme est donc **perfectible** et c'est pour lui un devoir de travailler au perfectionnement de son corps et de son âme.

1° *Du perfectionnement du corps.*

92. *Que doit faire l'homme par rapport au perfectionnement de son corps?*

1° Observer les règles **d'hygiène et de propreté** qui

entretiennent la santé et conservent les organes frais et dispos ;

2° **Fortifier son tempérament** par le travail et l'exercice, ainsi qu'en s'habituant avec discrétion à résister à la fatigue, aux intempéries des saisons, aux privations ;

3° **Exercer ses organes et ses sens** pour en tirer un meilleur service ; c'est par l'exercice que la prononciation devient distincte et la main adroite, que le coup d'œil, la voix et l'oreille acquièrent de la justesse.

De l'union étroite du corps et de l'âme naît une influence réciproque de l'un sur l'autre. Si donc l'homme veut être moralement ce qu'il doit être, il est obligé de s'appliquer, avec un soin raisonnable, à conserver, à régler et à développer ses facultés physiques. Un corps débile et malade devient impuissant au service de la volonté.

2° *Du perfectionnement de l'âme.*

93. *Que faut-il connaître pour travailler au perfectionnement de l'âme?*

Il est nécessaire, pour cela, de connaître en quoi consiste la perfection de l'homme.

94. *En quoi consiste cette perfection ?*

La perfection de l'homme consiste à répondre à sa destinée par l'accomplissement fidèle de tous ses devoirs envers Dieu, envers le prochain et envers soi-même.

95. *Que demande de l'homme la fidélité à ses devoirs ?*

Elle demande deux choses :

1° Qu'il ait la connaissance de ses devoirs ; c'est l'objet de la **prudence**, vertu propre à l'intelligence ;

2° Qu'il ait l'énergie voulue pour les remplir ; c'est l'objet de la **force**, vertu propre à la volonté.

96. *Qu'est-ce que la prudence ?*

C'est une vertu qui nous fait connaître et choisir les moyens les plus propres pour arriver à notre fin, à notre destinée.

La prudence est une des vertus les plus nécessaires à l'homme. La prudence agit sur toutes les facultés de l'âme : elle demande que l'entendement s'éclaire sur ce qui est conforme ou contraire à la fin que l'on doit atteindre ; que la mémoire conserve le souvenir des règles de conduite qu'il faut suivre, des applications que l'on en a faites, et des causes qui ont assuré ou compromis le bien. Elle dirige la volonté dans ses déterminations, dans le choix des moyens à employer.

La prudence engendre la **défiance de soi-même,** qui prend volontiers conseil, et accepte avec reconnaissance les avis donnés.

Les principaux vices contraires à la prudence sont la précipitation et l'inattention.

97. *En quoi consiste la précipitation ?*

Elle consiste à se porter légèrement à toutes sortes d'entreprises, sans en avoir examiné les avantages et les dangers, ni prévu et pris les moyens à employer pour réussir.

98. *En quoi consiste l'inattention ?*

Elle consiste à ne pas appliquer suffisamment son esprit à ce que l'on fait, ne se rendant pas compte des difficultés à mesure qu'elles se rencontrent, ni des résultats bons ou mauvais à mesure qu'ils se produisent.

Il ne faut pas confondre la prudence avec la fourberie ou la ruse. L'homme prudent arrive à ses fins par des moyens honnêtes; l'homme rusé ou fourbe réussit par le mensonge et l'injustice. Le succès de l'homme prudent est légitime et honorable; le succès du fourbe est criminel et honteux.

99. *Qu'est-ce que la force ?*

La force est une vertu qui nous fait surmonter les difficultés que présente l'accomplissement de nos devoirs, et supporter avec résignation les peines de la vie et de notre état.

La vertu de force est nécessaire à tous les hommes ; mais personne ne saurait en avoir assez pour remplir toujours ses devoirs, s'il ne s'assure le secours de Dieu par la prière.

Les deux principales vertus qui se rattachent à la force sont la patience et la persévérance ou la constance.

100. *Qu'est-ce que la patience ?*

C'est une vertu qui nous fait supporter avec courage et soumission à la Providence l'adversité et les épreuves de la vie.

Il y a peu d'instants dans la vie où l'on n'ait occasion de pratiquer cette vertu.

101. *Qu'est-ce que la persévérance ?*

C'est une vertu qui nous rend stables dans l'accomplissement de nos devoirs et nous les fait remplir jusqu'à la fin.

Les deux principaux vices opposés à la force sont la lâcheté et l'inconstance.

102. *Qu'est-ce que la lâcheté ?*

C'est un manque de force, d'énergie, qui fait reculer devant les obstacles et les difficultés que présente l'accomplissement du devoir.

103. *En quoi consiste l'inconstance?*

Elle consiste à changer trop facilement de volonté dans le bien.

Un des effets de l'inconstance, c'est de faire commencer beaucoup de choses utiles et de n'en conduire aucune à bonne fin.

Elle morcelle la vie et fait qu'on meurt sans avoir rien fait de sérieux.

VI. DE L'UTILE EMPLOI DE LA VIE OU DE L'OBLIGATION AU TRAVAIL.

104. *Est-ce vraiment un devoir de travailler?*

Travailler est un devoir, et cela pour trois raisons principales :

1° Le travail est la condition nécessaire du progrès physique, intellectuel et moral; ceci est vrai pour le riche aussi bien que pour le pauvre.

2° Dans le plus grand nombre des cas, le travail est indispensable pour fournir à l'individu ou à sa famille les ressources nécessaires à leur subsistance.

3° Même s'il s'agit de ceux que la fortune met au-dessus du besoin, il reste évident que DIEU n'a pas fait l'homme capable d'activité et de production pour qu'il demeure oisif et stérile ; la loi morale l'oblige à un emploi utile de son énergie, et cet emploi utile de l'énergie, c'est le travail.

Le travail honnête, soit du corps, soit de l'esprit, est moralisateur et porte avec soi sa récompense. S'il fatigue la tête ou noircit les mains, il calme les passions et blanchit la conscience. Le visage de l'homme laborieux reflète la sérénité chaste d'un cœur noble et pur. Par l'honneur qui s'attache au devoir accompli, le travail ennoblit celui qui s'y livre.

Un travail modéré entretient la vigueur et la santé ; il préserve de la paresse, qui, semblable à la rouille, ronge et consume la vie dans un avilissant et dégradant désœuvrement. Le poète l'a dit :

Le travail, aux hommes nécessaire,
Fait leur félicité plutôt que leur misère.

Le ruisseau, si limpide quand il court sur les cailloux, se salit et se corrompt en s'attardant à travers la vase des marais. Le vaisseau qui bravait fièrement la fureur des tempêtes, pourrit lorsqu'il est au repos, couché sur le rivage.

Le ruisseau qui court sur les cailloux et le vaisseau qui brave la tempête, c'est l'image de l'homme qui lutte par le travail. Le ruisseau arrêté dans la vase et le vaisseau couché sur le rivage, c'est l'image de l'homme qui s'endort dans la mollesse.

Concluons en disant qu'une des meilleures habitudes à contracter dans la jeunesse, c'est celle du travail et du bon emploi du temps ; et que, toute sa vie, l'homme doit travailler selon ses forces et ses aptitudes : la fainéantise est un honteux et coupable anéantissement de la vie.

CHAPITRE IV.

Des devoirs envers le prochain.

CONSIDÉRATIONS GÉNÉRALES.

105. Dieu a fait l'homme **sociable.** La société est sa condition naturelle ; c'est là seulement qu'il trouve la possibilité d'un épanouissement complet de ses facultés. Privé de toute société au moment où il viendrait de naitre, l'enfant périrait infailliblement ; élevé dans une de ces sociétés rudimentaires que forment les nègres du centre de l'Afrique, il deviendrait un être abject et dégradé ; placé au contraire dans une société civilisée, il pourra devenir un homme parfait.

Appelés à vivre en société, les hommes ont formé des familles, des États, etc.

La famille est la société naturelle que forment le père, la mère et leurs enfants. Les membres de la famille sont unis par les liens indissolubles d'un même sang et des mêmes sentiments d'affection et de respect.

L'État est une société organisée que forment des familles sous les mêmes lois, le même gouvernement, etc.

En société, les hommes sont, les uns à l'égard des autres, **supérieurs, inférieurs** ou **égaux.** De là des devoirs **particuliers** des inférieurs envers leurs supérieurs et réciproquement, et des devoirs **généraux** de tous envers tous.

I. — Des devoirs particuliers des inférieurs envers leurs supérieurs et réciproquement.

106. Un des principaux fondements du bonheur des familles et des États, c'est le respect de l'autorité.

I. DE L'AUTORITÉ.

107. *Qu'est-ce que l'autorité ?*

L'autorité, comme l'indique l'étymologie du mot, est le droit de l'auteur sur son ouvrage.

108. *En quoi consiste le droit de l'auteur sur son ouvrage ?*

Il consiste à pouvoir légitimement en jouir et en disposer.

109. *Quel est l'auteur de l'homme ?*

C'est DIEU : c'est lui qui l'a tiré du néant, qui le conserve et pourvoit à ses besoins.

110. *Qui donc a autorité sur l'homme ?*

C'est DIEU seul. Mais, suivant l'ordre qu'il a établi lui-même de gouverner l'homme par l'homme, il exerce son autorité par l'intermédiaire de certains hommes appelés les supérieurs.

111. *Qu'entend-on ici par les supérieurs ?*

On entend ici, par les supérieurs, les dépositaires de l'autorité de DIEU, ses représentants sur la terre.

112. *Pourquoi Dieu donne-t-il l'autorité aux supérieurs ?*

Il la leur donne seulement pour le bien de leurs inférieurs.

113. *Quelles sont les différentes sortes de supérieurs ?*

On peut en distinguer quatre sortes :

1° Les supérieurs dans l'ordre de la nature ;

2° Les supérieurs dans l'ordre de la **religion** ;
3° Les supérieurs dans l'ordre **civil** ;
4° Les supérieurs dans l'ordre de la **condition** ou de la **profession**.

II. DE LA FAMILLE ; DES DEVOIRS DES ENFANTS ENVERS LEURS PARENTS.

114. *Quels sont les supérieurs dans l'ordre de la nature ?*

Ce sont le père, la mère, les grands-pères, les grand'-mères, etc.

115. *Que faut-il penser de l'autorité des parents ?*

L'autorité des parents est **la plus sacrée et la plus indiscutable** ; toute autre autorité suppose des conventions préalables entre celui qui commande et ceux qui obéissent, ou bien un abus de force de la part du supérieur ; l'autorité des parents, au contraire, résulte directement de leur dignité de père et de mère : l'enfant dépend de ses parents sans qu'aucune convention intervienne et sans qu'il y ait usurpation de la part des parents.

116. *Quels sont les inférieurs dans l'ordre de la nature ?*

Ce sont les enfants dans la famille.

117. *Quels sont les devoirs des enfants envers leurs parents ?*

Ils doivent les respecter, les aimer, leur obéir, et les ssister dans leurs besoins.

118. Du respect. *Pourquoi les enfants doivent-ils respecter leurs parents ?*

Ils le doivent parce que les parents tiennent la place de Dieu auprès des enfants.

119. *Comment les enfants doivent-ils montrer leur respect pour leurs parents ?*

Dans la manière de leur parler et d'agir à leur égard.

120. *Comment les enfants doivent-ils parler à leurs parents ?*

Ils doivent le faire d'un ton modéré et en des termes qui expriment la dépendance, la crainte de causer de la peine, le désir de leur être agréables.

121. *Comment les enfants doivent-ils agir à l'egard de leurs parents ?*

Ils doivent écouter en silence et avec soumission leurs avis, leurs recommandations, et même leurs réprimandes; fermer les yeux sur leurs fautes et sur leurs défauts; les traiter avec beaucoup d'égards et de ménagements; enfin les prévenir par de bons offices.

Ainsi, est irrespectueux l'enfant qui réplique à ses parents, qui murmure et se met de mauvaise humeur contre eux, qui leur parle avec arrogance et sur le ton du commandement, qui pense avec malice à leurs défauts ou en parle, qui, devenu grand et âgé, dédaigne leurs conseils, etc. [1]

122. De l'amour et de la reconnaissance. *De quel amour les enfants doivent-ils surtout aimer leurs parents ?*

Ils doivent les aimer surtout d'un amour de reconnaissance.

123. *Qu'est-ce qu'aimer quelqu'un ?*

C'est lui vouloir du bien et chercher à le lui procurer.

124. *Qu'est-ce que la reconnaissance ?*

C'est le souvenir d'un bienfait reçu, avec le désir d'y répondre suivant ses forces.

125. *De quelles expressions se sert-on ordinairement pour témoigner la reconnaissance ?*

D'une manière générale, pour remercier quelqu'un on

---

1. La loi civile, comme la loi naturelle, prescrit aux enfants le respect envers leurs parents : *L'enfant, à tout âge, doit honneur et respect à ses père et mère.* (Code civil, art. 371.)

lui dit : **Merci. Je vous remercie. Je vous suis bien obligé. Je vous suis bien reconnaissant, etc.**

126. *Quand doit-on remercier ou exprimer sa reconnaissance ?*

Chaque fois que l'on reçoit un bienfait, fût-ce le plus petit service.

127. *Quels bienfaits les enfant sont-ils reçus de leurs parents ?*

Après DIEU, c'est à eux qu'ils doivent la vie et leur conservation.

Ce sont les parents qui les ont nourris, vêtus, logés et entourés de soins et de sollicitude le jour et la nuit, pendant leurs premières années.

L'ingratitude, opposée à la reconnaissance, est un vice antisocial ; elle tarit la source des bienfaits.

128. DE L'OBÉISSANCE. *Qu'est-ce qu'obéir à quelqu'un ?*

C'est faire ce qu'il commande.

129. *Qui peut commander ?*

Celui qui est revêtu de l'autorité, mais seulement dans les limites de son pouvoir. Personne n'a de pouvoir pour commander le mal.

130. *Pourquoi les enfants doivent-ils obéir à leurs parents ?*

Parce que les parents tiennent la place de DIEU à l'égard de leurs enfants, et qu'ils sont revêtus de son autorité pour les élever et les former à la pratique du bien.

131. *N'y a-t-il pas encore d'autres motifs pour que les enfants obéissent à leurs parents ?*

Oui : la justice envers les parents et l'intérêt des enfants l'exigent.

132. *Comment la justice exige-t-elle que l'enfant soit soumis à ses parents ?*

C'est que l'enfant, tant qu'il est mineur, est sous l'autorité et la responsabilité de ses parents [1], et que ceux-ci étant obligés de lui donner l'éducation et d'administrer la famille, il leur serait impossible de s'acquitter de ces devoirs si l'enfant ne leur était pas soumis.

---

1. L'enfant reste sous l'autorité de ses père et mère jusqu'à sa majorité ou à son émancipation. (Code civ., art 372.) Le père, et la mère après le décès du mari, sont responsables du dommage causé par leurs enfants mineurs habitant avec eux. (Code civ., art. 1384.)

133. *Montrez que l'intérêt de l'enfant demande que celui-ci soit soumis à ses parents.*

L'enfant est ignorant, sans expérience ; il est amateur du repos, des amusements et des plaisirs. Abandonné à lui-même pour sa propre conduite, il resterait ignorant, paresseux, et deviendrait mauvais et malheureux.

134. *Comment les enfants doivent-ils obéir à leurs parents ?*

Promptement, de bon cœur, et avec l'intention de plaire à Dieu.

135. De l'Assistance. *Qu'est-ce qu'assister ses parents ?*

C'est leur procurer autant qu'on le peut les biens spirituels et temporels dont ils ont besoin.

136. *Pourquoi les enfants doivent-ils assister leurs père et mère?*

Parce que la justice et la reconnaissance exigent qu'ils leur rendent, selon leur pouvoir, les services qu'ils ont reçus d'eux.

137. *Quels biens les jeunes enfants peuvent-ils procurer à leurs parents ?*

Ils peuvent et doivent prier pour eux ; ensuite, chercher à les contenter par leur soumission, leur bonne conduite, leurs attentions et leur travail.

Ainsi, ce n'est point seulement par des caresses que les enfants montrent s'ils aiment vraiment leurs parents ; c'est par leur respectueuse soumission et par leur bonne conduite.

138. *Quels biens les enfants, devenus grands, et âgés doivent-ils procurer à leurs parents ?*

Ils doivent continuer à prier pour eux et à les contenter par leur bonne conduite ; ensuite, partager leurs travaux, les secourir dans leurs besoins, les soigner dans leur vieillesse et leurs infirmités [1], faire leur possible pour leur assurer une bonne mort.

Le respect, l'amour, la reconnaissance et la soumission des enfants envers leurs parents, c'est ce qu'on appelle la **piété filiale**. — La piété filiale honore les enfants et leurs parents, et fait le bonheur de la famille.

---

1. Les enfants, dit le Code civil, doivent des aliments à leurs père et mère, et autres ascendants qui sont dans le besoin (art. 205).

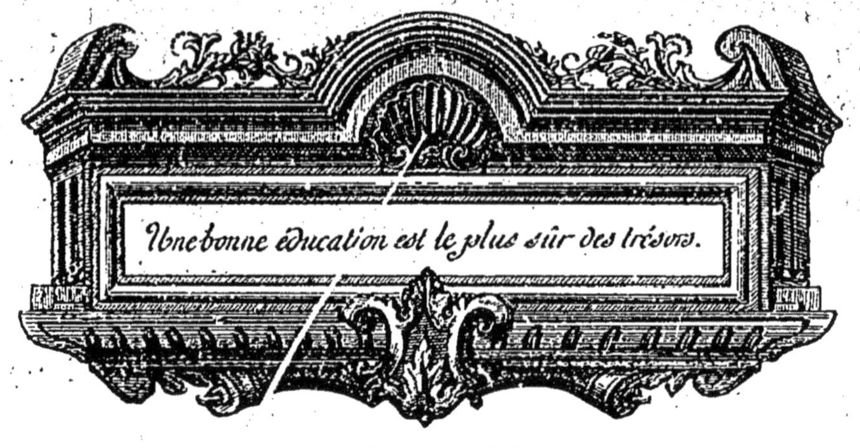

III. DES DEVOIRS DES FRÈRES ET SŒURS ENTRE EUX.

139. *Quels sont les principaux devoirs des frères et sœurs entre eux ?*

C'est de se respecter, de s'aimer et de se prêter une mutuelle assistance.

140. *Comment doivent-ils se respecter ?*

En s'abstenant, dans leurs rapports, de toutes paroles malsonnantes et de tous procédés grossiers ; en tenant toujours, au contraire, des conversations et une conduite décentes et dignes d'enfants bien élevés.

141. *Pourquoi est-il nécessaire que les frères et sœurs se respectent ?*

Parce que, faute de ce respect mutuel, ils ne sauraient s'estimer les uns les autres, ni s'aimer, ni par conséquent vivre en paix.

142. *Comment doivent-ils s'aimer ?*

En se supportant les uns les autres ; en évitant de se faire de la peine, de se contrarier ; en s'aidant, en se rendant service, en se faisant plaisir, lorsque l'occasion s'en présente.

143. *Quel est, en particulier, le devoir des aînés ?*

C'est de donner aux autres l'exemple d'une bonne conduite, de prendre soin des plus jeunes, de les détourner du mal et de les porter au bien.

144. *Que produisent dans la famille le respect et l'amour mutuels des frères et sœurs ?*

La paix et le bonheur.

145. *En quoi consiste le devoir de l'assistance entre frères et sœurs ?*

Pendant toute la vie, chacun est obligé de secourir selon ses moyens ceux de ses frères et sœurs qui seraient dans une grave nécessité.

IV. DES DEVOIRS DES PARENTS ENVERS LEURS ENFANTS.

146. *Quels sont les principaux devoirs des parents envers leurs enfants ?*

Les parents doivent aimer leurs enfants, les entretenir, les élever, les corriger de leurs défauts et leur donner le bon exemple.

147. *Comment les parents remplissent-ils le devoir d'aimer leurs enfants ?*

Les parents aiment réellement leurs enfants quand ils veulent avant tout leur bien moral et matériel, et qu'ils cherchent à le procurer par tous les moyens qui sont en leur pouvoir.

148. *En quoi consiste le devoir de l'entretien ?*

L'entretien, c'est la nourriture, le logement, le vêtement, les soins nécessaires à la santé, tout cela suivant les ressources et la condition de la famille.

149. *Que comprend le devoir d'élever des enfants ?*

Elever les enfants ou faire leur éducation, c'est leur procurer : 1° la formation religieuse et morale qui les rendra capables de remplir leurs devoirs envers DIEU, envers eux-mêmes et envers le prochain ; 2° l'instruction qui leur donnera les connaissances nécessaires pour qu'ils deviennent de bons citoyens et qu'ils puissent gagner honorablement leur vie.

150. *En quoi consiste le devoir de la correction ?*

Le devoir de la correction consiste à détourner les enfants de la pratique du mal en employant, suivant les cas, les avertissements, les réprimandes ou les châtiments.

151. *En quoi consiste le devoir du bon exemple ?*

Le devoir du bon exemple consiste à vivre de telle

façon que les enfants puissent, sans danger, ni préjudice, imiter la conduite de leurs parents.

152. *Les parents travaillent-ils seuls à l'éducation de leurs enfants?*

Une part notable dans la formation religieuse et morale des enfants revient au **prêtre** ; de plus, les parents peuvent être aidés ou remplacés, au moins en partie, par des **maîtres** dans leur tâche d'éducateurs.

V. DES DEVOIRS DES INFÉRIEURS ENVERS LEURS SUPÉRIEURS DANS L'ORDRE DE LA RELIGION ET DANS L'ORDRE CIVIL.

153. L'homme est composé d'un corps et d'une âme immortelle. Il a des intérêts temporels et des intérêts spirituels et éternels à ménager.

Pour la sauvegarde de ses intérêts temporels, il appartient à la société civile. Pour le soin de ses intérêts spirituels ou éternels, comme pour ses rapports avec DIEU, il est membre de la société religieuse.

L'une et l'autre société doivent avoir et ont partout et toujours leurs supérieurs hiérarchiques.

154. *Quels sont les principaux devoirs des inférieurs à l'égard de leurs supérieurs religieux et civils?*

Ce sont le respect et l'obéissance.

155. *Comment les inférieurs peuvent-ils manquer de respect à l'égard de ces supérieurs?*

En parlant mal d'eux, en les déconsidérant par le ridicule, en les méprisant, en les injuriant, etc.

156. *En quoi les inférieurs sont-ils obligés d'obéir à ces sortes de supérieurs?*

En tout ce que ces supérieurs prescrivent en usant légitimement de leur autorité.

Il arrive parfois que les supérieurs ont des défauts et même des vices ; ce n'est pas là une raison pour désobéir à leurs commandements légitimes. Un inférieur ne peut pas toujours estimer la personne de son supérieur, mais il doit toujours respecter son autorité.

VI. DES DEVOIRS DES INFÉRIEURS DANS L'ORDRE DE LA CONDITION, ET EN PARTICULIER DES DEVOIRS DES ÉLÈVES.

157. Les individus exercent diverses professions, ils appartiennent à différentes catégories de la société. Ainsi, il y a des magistrats, des militaires, des étudiants, etc., et ils ont, dans leur condition, des supérieurs particuliers.

158. *Quels sont les supérieurs des écoliers, des élèves ?*

Ce sont leurs professeurs, leurs surveillants, enfin tous les maîtres qui sont chargés de les instruire et de leur donner l'éducation.

159. *Quels sont les principaux devoirs des élèves envers leurs maîtres ?*

Ces devoirs sont, toutes proportions gardées, les mêmes que ceux des enfants envers leurs parents, dont les éducateurs tiennent la place. Mais ils leur doivent particulièrement le respect, la soumission et la reconnaissance.

160. *Comment les élèves doivent-ils témoigner leur respect envers leurs maîtres ?*

En s'abstenant de parler et de murmurer contre eux, et en se servant toujours à leur égard d'expressions et de procédés convenables et polis.

161. *En quoi les élèves doivent-ils spécialement obéir à leurs maîtres ?*

En ce qui regarde la discipline, le travail et l'observation du règlement de la classe ou de l'école.

162. *Pourquoi les élèves ont-ils l'obligation d'obéir à leurs maîtres ?*

Parce que, sans parler de l'autorité que les maîtres ont pour leur commander, la justice envers eux et l'intérêt des élèves l'exigent.

163. *Pourquoi la justice exige-t-elle que les élèves obéissent à leurs maîtres ?*

Parce que les maîtres sont, devant Dieu et devant les hommes, responsables de la conduite de leurs élèves, tant que ceux-ci sont sous leur surveillance [1], et que, les maîtres étant obligés de les instruire et de les élever, il leur serait impossible de le faire si les enfants ne leur étaient pas soumis.

164. *Comment l'intérêt des enfants demande-t-il qu'ils soient soumis à leurs maîtres ?*

---

1. Les instituteurs sont responsables du dommage causé par leurs élèves pendant le temps qu'ils sont sous leur surveillance. (Code civil, art. 1384.)

Si les élèves n'étaient pas soumis à leurs maîtres, il serait impossible à ceux-ci de les élever et de faire la classe : les causeries, les allées et les venues, le désordre, en un mot, les en empêcherait. Alors, les enfants resteraient ignorants et paresseux et ne tireraient aucun profit de la classe.

165. *Pourquoi les élèves doivent-ils de la reconnaissance à leurs maîtres?*

A cause de l'instruction, des soins et de l'éducation qu'ils reçoivent d'eux. Alexandre le Grand disait : « Je » dois autant à Aristote, mon précepteur, qu'à Philippe, » mon père ; car si je dois à celui-ci de jouir de la vie, je » dois à celui-là d'en bien user. »

166. *Quelles sont les principales qualités d'un bon élève?*

La docilité, l'application au travail, le goût de l'ordre et de la propreté.

167. *En quoi consiste la docilité?*

A se laisser instruire et élever. L'enfant docile écoute les avis et profite des leçons qu'on lui donne ; il se laisse former et conduire par ceux qui sont chargés de son éducation.

Cette docilité n'est pas une vertu toute passive ; elle ne consiste pas pour l'élève à se laisser faire, mais à comprendre ce que ses maîtres veulent de lui et à l'accomplir avec énergie.

On a dit de la docilité qu'elle tient lieu à l'enfant de toutes les autres bonnes qualités, et que, sans la docilité, il ne saurait en avoir aucune.

168. *En quoi consiste, pour l'élève, l'application au travail?*

Elle consiste à bien étudier ses leçons, à faire soigneusement ses devoirs, à s'efforcer de comprendre et de retenir l'enseignement de son maître.

169. *En quoi l'élève doit-il surtout observer l'ordre?*

En suivant bien le règlement de l'école, qui veut que l'on fasse chaque exercice dans le lieu et le temps voulus, qu'on mette toute chose à sa place, etc.

170. *En quoi l'élève doit-il être propre?*

L'élève doit être propre sur sa personne, en ses habits et dans les objets à son usage.

Ainsi, il doit avoir les mains et le visage propres, les cheveux peignés et en ordre, les dents nettoyées. Ses vêtements ne doivent être ni déchirés, ni sales ; ses livres et ses cahiers ne doivent avoir ni taches, ni déchirures. Le respect pour soi et pour les autres exige que l'on soit propre.

171. *Quels sont les principaux devoirs d'un élève envers ses condisciples ?*

Le premier, c'est de ne jamais les porter au mal ; d'éviter tout ce qui pourrait leur nuire, leur faire de la peine, ou causer parmi eux des inimitiés, des disputes ;

Le second, c'est d'être bon, poli envers tous ; d'aimer à leur rendre service et à leur faire plaisir ; de les porter au bien lorsque l'occasion s'en présente.

VII. DES DEVOIRS DES MAITRES ENVERS LEURS SERVITEURS.

172. *Quels sont les principaux devoirs des maîtres envers leurs serviteurs ?*

Ces devoirs sont de payer exactement leurs gages, de les traiter paternellement, de n'exiger d'eux que le service qui a été convenu, de leur donner le bon exemple, de leur laisser le temps et la liberté de remplir leurs devoirs religieux, de les avertir et même de les reprendre quand ils font mal, de les soigner dans leurs maladies, etc.

II. — Des devoirs généraux envers le prochain.

173. Nos obligations envers le prochain comprennent des devoirs de **justice** et des devoirs de **charité**.

Les devoirs de justice peuvent se formuler ainsi : « Ne fais pas à autrui ce que tu ne voudrais pas qu'on te fît à toi-même. » Pour respecter la justice, il faut ne causer aucun mal ou préjudice au prochain.

Les devoirs de charité sont renfermés dans la maxime suivante : « Fais à autrui ce que tu voudrais qu'on te fît à toi-même. » Tandis que la justice se contente de ne pas nuire, la charité fait du bien.

1° *LA JUSTICE.*

I. DE LA JUSTICE ET DU DROIT.

174. *Qu'est-ce que la justice ?*

La justice est une vertu qui consiste à respecter les **droits** d'autrui, ou à rendre à chacun ce qui lui est dû.

175. *Qu'est-ce que le droit ?*

Le droit est le pouvoir légitime, soit de faire un acte, soit de posséder une chose, d'en user et d'en disposer.

176. *Faites connaître quelques-uns des principaux droits de l'homme.*

L'homme a droit à sa vie, à sa liberté, à sa réputation, à sa propriété, aux fruits de son travail, etc.

177. *Quelle conséquence doit-on tirer de ce qui précède ?*

C'est que la justice impose à tous les hommes et à l'égard de tous le devoir de respecter la vie, la liberté, la réputation, la propriété de leurs semblables.

II. DU DROIT A LA VIE.

178. *Sur quoi repose le droit de l'homme à sa vie ?*

Sur les devoirs que DIEU lui a imposés en le créant. L'homme, comme le dit Socrate, est un soldat à qui DIEU a assigné un poste en l'appelant à la vie. DIEU seul a le droit de l'en relever en le rappelant à lui par la mort.

179. *En quoi consiste le crime d'homicide ?*

Ce crime consiste à ôter la vie au prochain, de son autorité privée, hors le cas d'une légitime défense [1].

180. *Pourquoi ajoute-t-on la restriction :* **de son autorité privée ?**

Parce que celui qui donne la mort en vertu d'un commandement **légitime**, comme l'exécuteur des arrêts de la justice ou le soldat sur le champ de bataille, accomplit un devoir et ne se rend point coupable [2].

181. *Pourquoi fait-on la seconde restriction :* **hors le cas de légitime défense ?**

Parce qu'il est permis de faire à un injuste agresseur tout le mal nécessaire pour éviter le sien propre : la condition de l'innocent passe avant celle du coupable.

---

1. Le crime d'homicide est également défendu par la loi civile : *L'homicide*, dit le Code pénal, *sera puni de mort* (art. 295 et 302).

2. Il n'y a ni crime ni délit, dit le Code pénal, lorsque l'homicide, les blessures et les coups étaient ordonnés par la loi et commandés par l'autorité légitime (art. 327).

Ainsi, quand on est attaqué, il est permis d'aller jusqu'à donner la mort à l'agresseur, si l'on ne peut autrement sauver sa propre vie[1].

182. *La loi morale ne défend-elle que l'homicide proprement dit ?*

Elle défend aussi tout ce qui peut compromettre la vie ou nuire à la santé, comme les querelles, les rixes, les batailles, etc.

III. DU DROIT A LA LIBERTÉ.

183. *De quelle liberté parle-t-on ici*

De la liberté **personnelle** et non de la liberté **morale.**

184. *Qu'est-ce que la liberté morale ?*

La liberté morale ou le **libre arbitre** réside dans l'intime de notre volonté ; elle peut subsister lors même que toute liberté extérieure nous est enlevée. Ainsi on peut porter quelqu'un, de force, là où il ne veut pas aller ; mais on ne peut pas faire qu'il veuille y aller.

185. *En quoi consiste la liberté personnelle ?*

Elle consiste dans le droit légitime qu'a tout homme majeur de disposer de sa personne et de ses facultés sous le contrôle de la société dont il est membre, et sous la condition d'en rendre compte à Dieu[2].

On dit **sous le contrôle de la société** parce que, si, dans la disposition de sa personne ou de ses facultés, un homme se rendait dangereux, nuisible aux autres, l'autorité publique, chargée des intérêts de tous, aurait le droit et le devoir de le réprimer.

La liberté personnelle peut être définie : **l'exercice de ses droits limité à l'exercice de ceux d'autrui.**

---

1. Il n'y a ni crime ni délit, dit le Code pénal, lorsque l'homicide, les blessures et les coups étaient commandés par la nécessité actuelle de la légitime défense de soi-même ou d'autrui (art. 328).

2. Lorsqu'un fonctionnaire public, un agent ou un préposé du gouvernement aura ordonné ou fait quelque acte arbitraire, ou attentatoire soit à la liberté individuelle, soit aux droits civiques d'un ou de plusieurs citoyens, il sera condamné à la peine de la dégradation civique (Code pén., art. 114). Plusieurs autres articles du Code protègent ce même droit.

IV. DU DROIT A LA RÉPUTATION OU A L'HONNEUR.

186. *Qu'est-ce que l'honneur?*

L'honneur est une considération légitimement acquise par la fidélité au devoir, la pratique du bien, le respect de soi-même, la loyauté dans les relations.

L'homme égaré par la passion peut approuver, du moins extérieurement, celui qui oublie son devoir et fait le mal; mais il lui est impossible de l'estimer, de le considérer.

187. *Doit-on tenir à l'estime du prochain?*

Oui, on doit tenir beaucoup à la mériter, car elle est un bien. Mais, si, tout en remplissant fidèlement ses devoirs, on ne parvient pas à l'obtenir, il faut savoir se contenter du bon témoignage de sa conscience, préférable à tout autre bien.

L'honneur est un bien réel, le premier parmi les biens extérieurs, par conséquent plus excellent que la fortune : **Bonne renommée,** dit le proverbe, **vaut mieux que ceinture dorée.**

L'estime que l'on a conçue d'un homme le fait accueillir dans les compagnies honnêtes; elle lui donne de la facilité pour se faire des amis fidèles et pour entretenir des relations sociales; elle lui procure ainsi une foule de précieux avantages et de nobles jouissances.

L'honneur est la récompense naturelle et légitime de la vertu; il est en outre un puissant encouragement à la pratique du bien; car, pour peu que l'homme ait l'âme élevée, il n'entend pas seulement jouir de l'estime des autres, il veut la mériter. Il trouve ainsi, dans la bonne opinion de ses semblables, qu'il tient à conserver, un préservatif contre les chutes et un soutien dans la pratique de la vertu.

188. *Comment peut-on porter atteinte à l'honneur du prochain?*

Par le jugement téméraire, par la médisance et la calomnie, par les injures.

189. *En quoi consiste le jugement téméraire ?*

Il consiste à croire, sur des motifs insuffisants pour déterminer un homme prudent, que le prochain a tel défaut ou qu'il a commis telle faute.

Le mal ne se présume pas, il se prouve. C'est pourquoi, tant qu'un homme n'a pas donné lieu, par sa conduite extérieure, à penser ou à juger mal de lui, on doit le croire innocent.

190. *Qu'est-ce que médire ?*

C'est révéler ou faire connaître injustement, sans nécessité, les fautes ou les défauts cachés du prochain.

La médisance provient toujours d'un mauvais principe : l'indiscrétion, la vanité, l'envie, la vengeance, etc. Elle produit aussi toujours des fruits empoisonnés : la défiance, les divisions, les haines, etc. Elle est la peste de la société.

Le médisant n'est pas seul coupable ; celui qui l'écoute et l'encourage l'est autant que lui.

En définissant la médisance, on dit : **faire connaître injustement, sans nécessité,** parce que, pour procurer un bien plus grand ou pour empêcher un mal plus grand, il est permis de révéler, mais seulement dans la mesure du nécessaire, les fautes ou les défauts cachés du prochain, à la personne à qui il importe de les connaître.

191. *Qu'est-ce que calomnier ?*

C'est attribuer au prochain des défauts qu'il n'a pas ou des fautes dont il est innocent.

Les causes et les effets de la calomnie sont à peu près les mêmes que ceux de la médisance. Cependant la calomnie est encore plus coupable, puisque le calomniateur ment pour diffamer.

192. *A quoi est rigoureusement obligé celui qui s'est rendu coupable de médisance ou de calomnie ?*

Il est obligé de rétablir, autant qu'il le peut, la réputation du prochain, et de réparer le dommage qu'il lui a causé.

L'auteur de la calomnie est obligé, pour la réparer, de rétracter le mal dont il a faussement chargé son prochain. Le médisant ne peut agir de même, puisqu'il a dit la vérité ; mais il doit profiter de toutes les occasions pour parler avantageusement de celui dont il a dit du mal.

193. *Qu'est-ce qu'injurier le prochain ?*

C'est l'outrager en face par des paroles ou des actions offensantes, ou par des marques de mépris.

194. *A quoi est obligé celui qui a injurié le prochain ?*

Il est obligé de réparer au plus tôt l'offense qu'il lui a faite[1].

194 bis. *Les attaques contre la réputation et l'honneur du prochain ne peuvent-elles pas l'atteindre dans un autre de ses droits ?*

Oui, elles peuvent devenir un attentat contre le droit à la vie : car, en faisant tomber le mépris sur quelqu'un, on peut lui faire perdre la confiance publique, et le priver ainsi des moyens de pourvoir à sa subsistance et à celle de sa famille.

V. DU DROIT DE PROPRIÉTÉ.

195. *Qu'est-ce que le droit de propriété ?*

C'est le pouvoir légitime de posséder une chose, d'en disposer ou d'en jouir à l'exclusion de toute autre personne.

196. *Quelle est l'origine ou le fondement de la propriété ?*

C'est simultanément la première occupation et le travail.

197. *En quoi consiste la première occupation ?*

Elle consiste à s'emparer le premier d'une chose qui n'a pas de propriétaire particulier.

198. *Qu'est-ce que le travail ?*

On appelle ici travail l'emploi de ses facultés pour modifier, transformer une chose, et l'approprier à la satisfaction des besoins de l'homme.

VI. CONSIDÉRATIONS SUR LA PROPRIÉTÉ.

199. DIEU, en créant l'homme, lui a donné, **en toute propriété,** sa volonté libre, pour accomplir sa destinée ; en le faisant raisonnable, il lui a concédé l'empire sur le reste de l'univers. Telles sont la base et la source de la propriété.

Par sa volonté libre, l'homme maîtrise, gouverne, fait **siens** les sens et les facultés qui existent en lui, et qui se sont d'abord développés sous la seule influence de la nature.

Une fois en possession de ce qui constitue l'être humain, sa volonté libre, guidée par la raison, agit au dehors, et, partout où elle rencontre une **chose** utile sans propriétaire particulier, elle la

1. On peut être poursuivi devant les tribunaux pour injures et diffamation.

fait sienne par l'occupation ; puis, par le travail, elle la modifie, la transforme, en fait un produit approprié à ses besoins.

La première occupation est une possession légitime, mais provisoire, passagère, tant que le travail ne l'a pas consacrée et rendue définitive.

Par son travail, l'homme fait passer dans son ouvrage sa pensée, sa volonté, son énergie, sa vie enfin ; il a donc sur ce qu'il fait un droit aussi légitime que sur ses facultés, sur sa personne même.

200. Quand on étudie l'histoire, on voit que le développement de la civilisation suit la même marche que le progrès du droit à la propriété individuelle. La possession de la terre par tout un peuple indivisément ne serait pas une nouveauté, comme le croient les socialistes, mais un retour à un état de choses qui a existé jadis à l'origine des sociétés, et qu'on retrouve encore de nos jours dans le mir (commune rurale) russe et dans certaines tribus arabes. Or, en comparant les sociétés qui ne connaissent que la propriété collective à celles qui reconnaissent franchement la propriété individuelle, on ne peut pas manquer de faire deux remarques très importantes : 1° sous le régime de la propriété individuelle, la terre produit beaucoup plus que sous le régime de la propriété collective : la même région où une tribu collectiviste de 1.000 personnes vivra péniblement, nourrira facilement 10 ou 15.000 personnes quand elle sera cultivée par des propriétaires libres et indépendants ; 2° la misère est beaucoup plus grande sous le régime de la propriété collective que sous le régime de la propriété individuelle ; dans un village français, les plus pauvres parmi les non-propriétaires sont bien moins malheureux que les pauvres du mir russe ou de la tribu arabe.

201. Le 7e et le 10e précepte du Décalogue, en défendant de troubler le prochain dans la paisible jouissance de ce qui lui appartient, posent donc une des bases de la paix et de la prospérité publiques.

Ce que l'homme possède légitimement, personne ne peut l'en dépouiller, car aucune volonté humaine ne saurait prévaloir contre la justice [1]. Il peut donc en disposer librement en l'échangeant, en le donnant, en le transmettant.

La loi française qui assigne aux enfants l'héritage de leurs parents, ne déroge point aux droits de ceux-ci ; elle est plutôt l'expression de leur volonté, dont elle assure l'exécution.

---

1. Cependant une loi française autorise l'expropriation pour cause d'utilité publique, mais après une juste et préalable indemnité.

VII. DES ATTENTATS AU DROIT DE PROPRIÉTÉ.

202. *Qui sont ceux qui portent atteinte au droit de propriété ?*

Ce sont principalement :

1° Les voleurs qui prennent injustement le bien d'autrui ;

2° Les fraudeurs qui se servent de faux poids, ne donnent pas la mesure, ou trompent sur la valeur des marchandises ;

3° Les mauvais payeurs, qui dissipent leurs biens au jeu, en plaisirs ou en achat d'objets superflus, au préjudice de leurs créanciers ;

4° Les ouvriers qui prennent un repos non nécessaire ni convenu, ou qui négligent leur ouvrage, comme aussi les patrons qui exigent de leurs ouvriers plus de travail que ceux-ci n'en doivent ;

5° Ceux qui s'approprient indûment les choses trouvées.

203. *A quoi sont obligés ceux qui portent atteinte au droit de propriété?*

Ils sont rigoureusement obligés de restituer le bien mal acquis et de réparer le dommage causé, à moins d'une vraie impossibilité qui suspend l'exécution de ce devoir.

204. *A qui doit se faire la restitution ?*

Au propriétaire lui-même, ou, s'il est mort, à ses héritiers [1].

---

1. Les attentats à la propriété sont punis par le Code pénal, art. 379 et suivants.

III. — Du second devoir général envers le prochain.

2° *LA CHARITÉ.*

205. Il ne faut pas voir entre la justice et la charité une opposition qui n'existe pas. La justice, par exemple, défend de dérober le bien d'autrui ; la charité commande de faire l'aumône selon ses moyens ; cette défense et ce commandement sont tous deux obligatoires. Il est sans doute plus facile de reconnaître ce que défend la justice que de voir jusqu'où va le commandement de la charité ; mais la charité, aussi bien que la justice, nous impose de véritables devoirs.

Un ancien a défini la vertu : **l'imitation de Dieu.** Or, la qualité ou l'attribut qui fait l'essence de Dieu, c'est la **charité.** Dieu aime ses créatures et fait du bien à toutes, surtout à l'homme. Pour imiter Dieu ou être vertueux, l'homme doit donc aimer son prochain et lui faire du bien : c'est l'objet de la charité.

DES PRINCIPAUX DEVOIRS DE CHARITÉ.

206. *Quels sont les principaux devoirs de charité envers le prochain ?*

Le pardon des injures, l'aumône et la correction fraternelle.

207. *En quoi consiste le pardon des injures ?*

A renoncer à tout désir de vengeance, et à être dans la disposition de remplir envers l'offenseur tous les devoirs imposés par la justice ou la charité.

208. *Quel est, à cet égard, le conseil de la morale chrétienne ?*

C'est de rendre le bien pour le mal.

209. *Comment peut-on manquer contre ce devoir de pardonner les injures ?*

En se vengeant, c'est-à-dire en rendant le mal pour le mal.

« Faites du bien à ceux qui vous font du mal, dit l'Evangile ; priez pour ceux qui vous persécutent et vous calomnient, afin que vous soyez les enfants de votre Père céleste, qui fait lever son soleil pour éclairer les méchants aussi bien que les bons, et qui fait pleuvoir sur le champ du pécheur comme sur celui du juste. »

210. *Qu'est-ce que l'aumône?*

C'est un secours temporel donné au prochain dans le besoin.

Donner est la plus belle manière d'user de la propriété, car c'est imiter DIEU, qui donne sans cesse. C'est pour permettre aux riches de remplir ce devoir, que la Providence leur a départi une plus grande part de fortune qu'aux autres.

Donner de sa bourse est le plus facile. Le don le plus excellent est celui de sa personne. On se donne en se dévouant pour servir et défendre la patrie, pour secourir et sauver ceux qui sont dans le danger; on se donne en visitant les pauvres et les affliges, en soignant les malades et les infirmes ; on se donne en instruisant les ignorants, en élevant les enfants, etc.

211. *En quoi consiste la correction fraternelle?*

A détourner le prochain du mal et à le porter au bien.

Une excellente manière de remplir ce devoir, c'est d'être soi-même partout et toujours à son devoir. « La parole ébranle, mais l'exemple entraîne, » a dit un ancien.

212. *Comment manque-t-on surtout au devoir de la correction fraternelle?*

On y manque surtout lorsqu'on donne le scandale.

213. *Qu'est-ce que le scandale?*

C'est un mauvais conseil ou un mauvais exemple qui devient pour le prochain une occasion de faire le mal.

214. *Quel est le scandale le plus coupable?*

Le scandale le plus coupable, c'est celui qui est donné aux enfants. L'Evangile prononce l'anathème contre quiconque s'en rend coupable. « Malheur, dit-il, à celui par » qui le scandale arrive ! Et quiconque scandalisera un » de ces petits qui croient en moi, il lui serait plus avan- » tageux qu'on lui attachât au cou une meule de moulin, » et qu'on le précipitât ainsi dans la mer. »

IV. — De la patrie et de nos devoirs envers elle.

215. *Quelle est notre patrie?*

C'est la grande famille appelée la **nation française**, le **peuple français**, et tout ce qui compose son riche et noble patrimoine.

216. *Qu'est-ce qui compose le patrimoine du peuple français?*

C'est d'abord son beau et glorieux nom de FRANÇAIS ; c'est son magnifique territoire avec les grandes villes et les nombreuses bourgades qui le couvrent ; c'est sa longue et belle histoire ; c'est sa langue, si remarquable par sa clarté et sa précision ; ce sont ses lois, ses institutions de toutes sortes, ses établissements de charité, d'instruction, etc. ; ce sont les monuments de sa gloire, de son génie et de ses vertus ; ce sont ses saints, ses héros, ses savants, ses hommes célèbres ; ce sont les tombeaux des aïeux ; c'est le champ et le foyer paternels ; c'est, en un mot, tout ce gros héritage de grandeurs et de bienfaits accumulés par les siècles à la gloire et à l'avantage du nom FRANÇAIS.

217. *Quels sont nos principaux devoirs envers la patrie?*

Nous devons l'estimer, l'aimer et la servir ; c'est là ce qu'on appelle le **patriotisme**, ou la **piété** envers la patrie.

218. *Comment devons-nous montrer notre estime pour la patrie?*

En étudiant et en appréciant ses bienfaits, ses grandeurs et ses gloires ; ensuite, en travaillant à devenir dignes d'elle et à contribuer un jour à sa prospérité par nos talents et nos vertus.

219. *Qu'est-ce qu'aimer et servir la patrie?*

C'est d'abord lui être fortement attaché ; c'est ensuite procurer son bien en observant ses lois, en contribuant à la stabilité de ses institutions, en s'acquittant des charges qu'elle impose.

220. *Quel est le symbole de la patrie?*

C'est le drapeau.

221. *Quels sont les devoirs du soldat et du citoyen envers le drapeau?*

C'est de le respecter et de le défendre.

APPENDICE AU CHAPITRE IV.

DES RAPPORTS DE L'HOMME AVEC LA NATURE, ET EN PARTICULIER AVEC LES ANIMAUX.

222. Dieu a établi l'homme roi et usufruitier de la création : a mis à son usage toutes les créatures, et l'homme, en faisant servir à ses besoins les trois règnes de la nature, ne sort point de l'ordre, ne s'écarte point des desseins du Créateur.

Mais si l'homme est le roi légitime de la nature, il ne doit point en devenir le tyran ; si son droit est d'user des créatures, son devoir est de les respecter ; car toutes sont l'ouvrage de Dieu, qui lui-même les respecte, puisqu'il les conserve. Toutes entrent dans l'organisation de l'univers et concourent à l'ordre général.

Il y a utilité de détruire les mauvaises plantes qui empêchent les bonnes de se développer. Il y a utilité de tuer les animaux dangereux ou nuisibles ; il y a aussi utilité de tuer certains animaux pour s'en nourrir. Mais s'il y a lieu parfois de détruire les animaux, il n'est jamais permis de les maltraiter, de les tourmenter et de les faire souffrir sans nécessité [1]. Au reste, avoir soin des animaux domestiques, les traiter avec douceur et bonté, c'est, en même temps, le moyen d'en être mieux servi et le témoignage d'une âme sensible. Les tourmenter, les faire souffrir inutilement, serait un acte coupable et l'indice d'un mauvais cœur. Cette conduite éteindrait, dans un enfant ou un jeune homme, la pitié, la compassion envers les malheureux.

L'intérêt, aussi bien que la bonté du cœur, doit porter l'homme à épargner les oiseaux et leurs nids. Indépendamment de l'agrément, de la gaieté et de la vie qu'ils répandent partout où ils habitent, les oiseaux rendent encore les plus grands services à l'agriculture, en protégeant les arbres et les récoltes contre les insectes.

DEVOIRS A FAIRE.

Avertissement. — Les numéros qui suivent l'indication de chaque devoir, rappellent à quelle partie du texte correspond le travail demandé. Pour faire ces devoirs, l'élève aura donc toujours dans son livre plus de matière qu'il ne lui en faut ; il lui suffira de choisir intelligemment ses extraits, en modifiant les phrases de telle façon qu'elles se suivent bien dans sa copie.

Le nombre de lignes indiqué n'est qu'un minimum qu'il faut atteindre, mais qu'on peut dépasser.

1° Quel est l'objet de la morale ? D'où nous viennent les meilleures de nos idées sur la morale ? (10 lignes.) Nos 1 et 2.

---

1. « Seront punis d'une amende de 5 à 15 francs, et pourront l'être de » 1 à 5 jours de prison, ceux qui auront exercé publiquement et abusive- » ment des mauvais traitements envers les animaux domestiques. La peine » de prison sera toujours applicable aux cas de récidive. » (Loi du 2 juillet 1850, dite loi *Grammont.*)

2° Expliquez en quoi consiste le bien moral, et montrez que l'homme doit le pratiquer. (12 lignes). Nos 6 et 7.

3° Expliquez ce qu'est le devoir. (12 lignes). Nos 12, 13 et 14.

4° Qu'est-ce que la conscience? Quel est son rôle? Comment devons-nous former notre conscience? (15 lignes). Nos 15 à 22.

5° L'homme est-il responsable de ses actes? Pourquoi? La responsabilité peut-elle augmenter ou diminuer? (12 lignes). Nos 27 à 33.

6° Qu'entend-on par sanction de la loi? A quoi correspondent les récompenses et les châtiments? (12 lignes). Nos 34 et 35.

7° Montrez que l'idée de Dieu est nécessaire pour donner une base à la morale. (10 lignes). Nos 36 et 37.

8° Dieu et ses perfections. (15 lignes). Nos 40 à 53.

9° Pourquoi un culte intérieur et un culte extérieur? (10 lignes). Nos 56 à 59.

10° Donnez quelques opinions d'hommes célèbres sur le besoin de pratiquer la religion. (20 lignes). Nos 60 et 61.

11° Le respect du saint nom de Dieu. (15 lignes). Nos 62 à 68.

12° Les vices opposés au respect que l'homme doit à son corps. (12 lignes). Nos 72 à 82.

13° La sincérité et le mensonge. (15 lignes). Nos 83 à 90.

14° Le perfectionnement de l'âme. (12 lignes). Nos 93 à 103.

15° Comment l'homme emploie-t-il utilement sa vie? (15 lignes). N° 104.

16° Montrez que l'homme est fait pour la société. (10 lignes): N° 105.

17° L'autorité et les supérieurs. (10 lignes). Nos 106 à 113.

18° Devoirs des enfants envers leurs parents. (15 lignes). Nos 115 à 138.

19° Devoirs des élèves envers leurs maîtres. (15 lignes). Nos 158 à 170.

20° Comment se divisent nos obligations envers le prochain? Qu'est-ce que la justice et qu'est-ce que le droit? (10 lignes). Nos 173 à 175.

21° Comment attente-t-on au droit à la vie? (12 lignes). Nos 178 à 182.

22° Quelle confusion faut-il éviter en parlant du droit à la liberté? Faites la distinction nécessaire. (10 lignes). Nos 183 à 185.

23° Dites comment on porte atteinte à l'honneur du prochain, et montrez la gravité de ce genre de faute. (15 lignes). Nos 188 à 194.

24° Le régime de la propriété collective assurerait-il mieux le bonheur de l'humanité, que le régime de la propriété individuelle? (15 lignes). N° 200.

25° Les devoirs de charité. (15 lignes). N° 205 à 214.

26° La patrie et nos devoirs envers elle. (15 lignes). Nos 215 à 221.

DEUXIÈME PARTIE.

ENSEIGNEMENT CIVIQUE.

Notions préliminaires.

1. *Quel est l'objet de l'enseignement civique?*

L'enseignement civique a pour objet de faire connaître l'organisation de l'Etat, les devoirs et les droits des citoyens.

2. *Qu'est-ce qu'un État?*

Un État est un corps politique ayant son territoire, son organisation et son indépendance, au moins pour son administration intérieure. Ainsi, la Bavière, la Saxe, sont des Etats, parce que, tout en appartenant à la nation allemande, elles ont néanmoins une administration intérieure indépendante.

3. *Qu'est-ce qu'une nation?*

Une nation est un ensemble d'hommes unis les uns aux autres par une communauté d'origine, de langue, de mœurs, de traditions, etc.

Lorsqu'une nation ne forme qu'un corps politique, comme la France, elle est aussi un Etat. Par contre, la nation polonaise fait actuellement partie de trois Etats : l'Autriche, la Prusse et la Russie. Les Irlandais font partie d'un Etat appelé Royaume-Uni, et composé de la Grande-Bretagne et de l'Irlande; mais ils se considèrent toujours comme formant à eux seuls une nation. Ces exemples montrent que les mots **Etat** et **nation** peuvent avoir chacun une signification particulière.

4. *Qu'est-ce qu'un citoyen?*

On appelle citoyen l'individu qui est membre d'un Etat et possède, en cette qualité, des droits **civils** et des droits **politiques**.

5. *Qu'appelle-t-on droits civils?*

On appelle **droits civils** des droits qui ont pour but de protéger l'individu et la famille : tels sont le droit de posséder, d'acheter et de vendre, le droit d'ester en justice, etc.

6. *Qu'appelle-t-on droits politiques?*

On appelle **droits politiques ou civiques**, des droits qui donnent au citoyen une part dans le gouvernement de son pays : tels sont le droit d'être électeur, le droit d'être élu conseiller municipal, conseiller général, député, etc. — Les droits politiques s'acquièrent et se conservent conformément aux lois constitutionnelles et électorales du pays.

7. *A qui, d'après la loi, appartient la qualité de Français?*

D'après les lois du 26 juin 1889 et du 22 juillet 1893, sont Français :

1° Tout individu né d'un Français en France ou à l'étranger ;

2° Tout individu né en France de parents inconnus, ou dont la nationalité est inconnue ;

3° Tout individu né en France de parents étrangers dont l'un y est lui-même né ; sauf la faculté pour lui, si c'est la mère qui est née en France, de décliner, dans l'année qui suivra sa majorité, la qualité de Français ;

4° Tout individu né en France d'un étranger et qui, à l'époque de sa majorité, est domicilié en France, à moins que dans l'année qui suit sa majorité, telle qu'elle est réglée par la loi française, il n'ait décliné la qualité de Français, et prouvé qu'il a conservé la nationalité de ses parents par une attestation en due forme de son gouvernement, laquelle demeurera annexée à la déclaration ;

5° Les étrangers naturalisés.

8. *Qui peut être naturalisé Français ?*

Peuvent être naturalisés Français :

1° Les étrangers qui ont obtenu l'autorisation de fixer leur domicile en France [1]; après trois ans de domicile en France, à dater de l'enregistrement de leur demande au ministère de la Justice ;

2° Les étrangers qui peuvent justifier d'une résidence non interrompue pendant dix années ;

3° Les étrangers autorisés à fixer leur domicile en France, après un an s'ils ont rendu des services importants à la France, s'ils y ont apporté des talents distingués, ou s'ils y ont introduit une industrie, une invention utile, etc. ;

4° L'étranger qui a épousé une Française, également après une année de domicile autorisé.

Il est statué par décret sur la demande de naturalisation, après une enquête sur la moralité de l'étranger.

---

1. L'étranger qui veut obtenir l'autorisation de fixer son domicile en France, doit adresser au ministre de la Justice une demande rédigée sur papier timbré, accompagnée de son acte de naissance et de celui de son père, de la traduction de ces actes, s'ils sont en langue étrangère, ainsi que d'un extrait du casier judiciaire français.

L'étranger qui veut obtenir sa naturalisation doit, dans tous les cas, adresser au ministre de la justice une demande sur papier timbré, en y joignant son acte de naissance et un extrait du casier judiciaire. (Décret du 16 août 1889.)

Chacune de ces demandes doit comprendre l'engagement de payer, pour droit de sceau, la somme de 175 fr.

CHAPITRE PREMIER.

De l'organisation politique des nations, et en particulier de la France.

I. CONSIDÉRATIONS GÉNÉRALES

9. La réunion des familles en société n'est possible que grâce à **l'autorité.** Cette réunion, en effet, a pour but la défense et l'assistance mutuelles, le concours de chacun à l'augmentation du bien-être général ; mais tout cela suppose une organisation ; l'organisation suppose des conventions, c'est-à-dire des lois ; les lois ne gouvernent pas toutes seules, il faut que quelqu'un tienne la main à leur exécution ; et si quelqu'un manque aux lois, il faut qu'il soit puni, sans quoi les lois ne signifieraient plus rien. Or, rédiger des lois, tenir la main à l'exécution des lois, juger et punir ceux qui manquent aux lois, c'est précisément la triple fonction de **l'autorité.** On peut donc bien dire que la société n'est possible que grâce à l'autorité.

D'où vient l'autorité ? Elle ne tient pas à la nature de celui qui commande, la nature humaine est la même dans tous les citoyens. Partout l'homme qui commande à d'autres hommes a été choisi par eux, ou bien il s'est imposé à eux par la force ; son autorité vient de l'élection, de l'hérédité (qui n'est qu'une élection confirmée), ou de la violence. En dehors de la famille, où le père est naturellement chef, personne ne peut prétendre à un droit naturel d'exercer l'autorité.

Le pays ayant besoin d'être gouverné, et les gouvernants n'étant pas désignés par la nature, il s'ensuit que la nation a le droit de désigner ceux qui doivent commander ; c'est en ce sens qu'il est vrai de dire que **l'autorité émane de la nation.**

Mais il faut bien remarquer que la nation, en choisissant des gouvernants, fait un acte qu'elle ne peut pas s'empêcher de faire : elle peut bien désigner tels hommes au lieu de tels autres, mais il faut qu'elle désigne quelqu'un, sous peine de tomber dans l'anarchie. L'autorité est donc une nécessité imposée par l'auteur de la nature, c'est-à-dire par le Créateur. Il faut donc dire que **l'autorité vient de Dieu.** Le souvenir de cette grande vérité est très propre : 1° à faire accomplir sérieusement le devoir électoral ; 2° à faciliter l'accord entre les gouvernants et les gouvernés.

10. Les diverses formes de gouvernement ont varié suivant les temps et les pays. Ces formes peuvent être réduites à deux principales : la **monarchie** et la **république.**

11. La monarchie (du grec **monos,** seul, et **arkhéin,** commander), c'est le gouvernement d'un Etat par un seul homme appelé ordinairement **roi** ou **empereur.** La monarchie peut être **absolue** ou **constitutionnelle.**

12. La monarchie est absolue lorsque le monarque, qui ne relève alors que de sa conscience et de Dieu, exerce seul la souveraineté, comme aujourd'hui en Russie, où l'empereur décrète et fait exécuter les lois.

13. La monarchie est constitutionnelle lorsque l'exercice du pouvoir souverain est réglé par les lois et qu'il est partagé entre le monarque et les représentants de la nation. Les gouvernements des Etats de l'Europe, moins ceux de la France, de la Suisse et de la Russie, sont des **monarchies constitutionnelles.**

14. La République, en général, est un gouvernement dont le chef, appelé **président**, est électif et temporaire. Ce gouvernement peut reposer sur des principes bien divers, qu'il serait trop long d'étudier ici.

Le gouvernement de la France, depuis sa fondation sous les rois mérovingiens, et spécialement Clovis, a été monarchique jusqu'en 1792, où la Convention, le 21 septembre, abolit la royauté et proclama la République. Le 18 mai 1804, la République fait place au premier Empire. En 1848, la République est proclamée de nouveau, puis remplacée par le second Empire en 1852. Le 4 septembre 1870, la République est encore proclamée, et devient, en 1875, le gouvernement légal du pays.

II. DE LA CONSTITUTION POLITIQUE.

15. *Qu'appelle-t-on constitution politique d'une nation ?*

On appelle constitution politique d'une nation, l'ensemble des coutumes, des lois ou règlements d'après lesquels sont constitués, chez cette nation, les grands pouvoirs publics chargés d'exercer la **souveraineté** ou **l'autorité suprême.**

Les dernières lois constitutionnelles de la France sont de 1875.

16. *Quelles sont les principales attributions de la souveraineté ou de l'autorité suprême ?*

Elles sont au nombre de trois :

1° Faire des lois, c'est-à-dire exercer le **pouvoir législatif ;**

2° Exiger qu'on les observe c'est-à-dire exercer le **pouvoir exécutif ;**

3° Punir ceux qui les violent, c'est-à-dire exercer le **pouvoir judiciaire.**

L'exercice des pouvoirs législatif, exécutif et judiciaire, est la condition indispensable de la vie sociale régulière dans un Etat. Mais c'est un principe, dans le régime constitutionnel, que **ces trois pouvoirs ne doivent jamais être réunis dans la même main.** C'est pourquoi le pouvoir **législatif** est confié aux **Chambres ;** le pouvoir **exécutif, au chef de l'Etat** et à ses ministres ; le pouvoir **judiciaire, à la magistrature.**

Le pouvoir législatif fait des lois générales ; il ne peut pas prendre des dispositions qui auraient pour but de favoriser une catégorie de citoyens au détriment d'une autre.

Le pouvoir exécutif commande et défend, mais seulement d'après les lois émanées du pouvoir législatif, et non selon la volonté ou le caprice des gouvernants.

Le pouvoir judiciaire enfin punit ceux qui manquent aux lois, mais il ne peut pas faire de lois.

Si le même homme ou la même assemblée pouvait faire des lois, les appliquer et punir ceux qui y contreviendraient, cet homme ou cette assemblée aurait un pouvoir absolu ; les droits des citoyens, leur vie même et leurs biens ne seraient plus en sûreté. La **séparation des pouvoirs** a donc pour but d'empêcher la tyrannie.

17. *Quels sont donc les grands pouvoirs publics de la France?*

Ces pouvoirs sont :

1° Le pouvoir **législatif**, chargé de faire les lois ;

2° Le pouvoir **exécutif**, chargé de gouverner selon les lois ;

3° Le pouvoir **judiciaire**, chargé de punir les infractions aux lois.

CHAPITRE II.

Du pouvoir législatif.

I. DE L'OBJET ET DE L'ORGANISATION DU POUVOIR LÉGISLATIF.

18. L'ordre et la paix ne peuvent exister dans une société, si les membres de cette société ne sont pas d'accord pour regarder certaines choses comme obligatoires, d'autres comme permises, d'autres enfin comme défendues. Cet accord indispensable fait naître les lois ; ce sont les lois qui obligent, permettent ou défendent.

19. *Faites connaître l'objet du pouvoir législatif.*

Le pouvoir législatif a pour objet de faire des lois ou règlements qui déterminent les devoirs et les droits des citoyens dans leurs rapports, soit entre eux, soit avec l'Etat ; d'organiser les services publics et d'assurer les ressources nécessaires à leur fonctionnement.

20. *Comment est organisé le pouvoir législatif en France?*

En France, comme dans les autres Etats dont le gouvernement est représentatif, le pouvoir législatif est exercé par deux **Chambres** ou **Assemblées** de représentants du peuple.

Dans tous les Etats, une de ces Assemblées tire son origine plus immédiatement de la nation, par le choix que celle-ci fait des membres qui la composent ; tandis que l'autre, appelée à pondérer la première et chargée plus spécialement de maintenir les coutumes et les institutions nationales, se recrute suivant des modes divers déterminés par les lois.

21. *Comment s'appellent les deux Chambres législatives françaises ?*

L'une, qui provient plus immédiatement du choix de la nation, est la **Chambre des Députés** ; l'autre est le **Sénat.**

II. DES ATTRIBUTIONS DES DEUX CHAMBRES.

22. *Quelles sont les attributions communes aux deux Chambres?*

Ce sont :

1° L'initiative et la confection des lois ;

2° L'élection du président de la République. Dans ce dernier cas,[1] les deux Chambres n'agissent pas séparément, elles sont réunies en **Assemblée nationale** ou **Congrès.**

23. *Quelles sont les attributions particulières de la Chambre des députés ?*

C'est à la Chambre des députés qu'il appartient de voter la première le budget ou les lois de finances.

C'est elle aussi qui peut mettre en accusation le président de la République, pour crime de haute trahison, et les ministres, pour crimes commis dans l'exercice de leurs fonctions.

24. *Quelles sont les attributions particulières du Sénat ?*

C'est au Sénat, constitué en **Haute Cour de Justice,** qu'il appartient de juger le président de la République et les ministres accusés par la Chambre des députés. Il peut encore être constitué en cour de justice pour juger toute personne prévenue d'attentat commis contre la sûreté de l' tat. Ce n'est qu'avec l'approbation du Sénat que le président de la République peut dissoudre la Chambre des députés. Le Sénat ne peut être dissous.

III. DE LA CHAMBRE DES DÉPUTÉS.

25. *Qu'est-ce qu'un député?*

Un **député** est un citoyen choisi et envoyé par d'autres, qui sont ses **électeurs**, pour faire partie de l'Assemblée législative.

26. *Comment se compose actuellement la Chambre des députés?*

Chaque arrondissement nomme un député. Les arrondissements dont la population dépasse cent mille habitants, nomment un député de plus par cent mille ou fraction de cent mille habitants : ils sont alors divisés en **circonscriptions électorales** ayant chacune un député à élire.

Chaque député est directement élu ou choisi par ses électeurs.

Le nombre des députés est actuellement de 581, et l'élection se fait au **scrutin individuel** ou **uninominal**, c'est-à dire que le bulletin de vote de chaque votant ne porte qu'un nom : dans chaque circonscription électorale on n'a à voter que pour un député. Si chaque bulletin devait porter autant de noms qu'il y a de députés à élire dans le département, ce serait le **scrutin de liste**. Les élections des députés se sont souvent faites au scrutin de liste. Les conseillers municipaux sont élus au scrutin de liste.

27. *Quelles sont les conditions d'éligibilité des députés?*

Pour être éligible comme député, il faut être citoyen français, avoir au moins 25 ans, et ne se trouver dans aucun des cas d'incapacité ou d'incompatibilité prévus par la loi.

28. *Quelles conditions doit remplir l'élection d'un député pour qu'elle soit valable?*

Il faut d'abord que les opérations du scrutin ou du vote aient été régulières ; ensuite, que le candidat ait obtenu le nombre de voix déterminé par la loi. Lorsque aucun des candidats n'a obtenu ce nombre de voix, il y a **ballottage**. (Voir le chapitre des élections, n° 63.)

29. *Qui vérifie si l'élection d'un député a été régulière?*

C'est la Chambre des députés. Elle **valide** ou déclare valable l'élection, lorsque personne n'élève de réclamation à l'encontre. S'il se produit des réclamations, elle les examine, et prononce son jugement en déclarant l'élection valide ou non valide. Dans ce dernier cas, les opérations du scrutin ont lieu de nouveau au jour fixé par le gouvernement.

30. *Pour combien de temps est élue la Chambre des députés?*

Elle est élue pour 4 ans [1].

---

1. Aucun membre de l'une ou de l'autre Chambre ne peut, pendant la durée de la session, être poursuivi ou arrêté en matière criminelle ou correctionnelle, qu'avec l'autorisation de la Chambre dont il fait partie, sauf le cas de flagrant délit.

IV. DU SÉNAT.

31. *Comment est composé actuellement le Sénat ?*

Il est composé de 300 membres, élus pour 9 ans par les départements et les colonies, et renouvelables par **tiers** tous les trois ans [1].

32. *Quelles sont les conditions d'éligibilité des sénateurs ?*

Il faut être citoyen français, avoir au moins 40 ans, et ne se trouver dans aucun des cas d'incapacité ou d'incompatibilité prévus par la loi.

33. *Comment sont élus les sénateurs?*

L'élection des sénateurs se fait à **deux degrés**, c'est-à-dire qu'ils sont élus par un **collège électoral** composé de membres élus eux-mêmes, savoir :

1° Des députés du département ;

2° Des membres du Conseil général ;

3° Des membres du Conseil d'arrondissement ;

4° D'un ou plusieurs délégués par commune, élus par le conseil municipal et choisis parmi les électeurs de la commune.

Les sénateurs sont élus à la majorité absolue des voix.

Si aux deux premiers tours de scrutin aucun candidat ne réunit la majorité absolue, la majorité relative suffit au troisième tour.

34. *Où se font les élections des sénateurs ?*

Elles se font au chef-lieu du département.

35. *Par qui sont vérifiées les élections des sénateurs ?*

Elles sont vérifiées par le Sénat lui-même.

V. DE LA CONFECTION DES LOIS.

36. *Comment se fait une loi ?*

La loi est d'abord proposée sous le nom de **projet de loi** par le gouvernement, ou par des députés, ou par des sénateurs. Elle est ensuite examinée par une commission,

---

1. D'après la Constitution de 1875, 225 membres seulement étaient élus par les départements et les colonies ; 75 étaient nommés à vie par le Sénat. Depuis la loi du 9 décembre 1884, on n'élit plus de sénateurs *inamovibles* ; ceux qui étaient déjà nommés ont conservé leur mandat.

c'est-à-dire par une réunion de députés ou de sénateurs choisis à cet effet ; puis soumise successivement trois fois à la discussion et au vote de chacune des deux Chambres [1]. Lorsque les deux Chambres ont adopté une loi, elle est promulguée ou publiée au **Journal officiel** par le président de la République,et devient ainsi obligatoire.

Le président de la République a un mois pour faire cette promulgation, et trois jours seulement, quand elle a été déclarée urgente par un vote exprès des deux Chambres. Dans les mêmes délais, il peut, par un message motivé, demander aux deux Chambres une nouvelle délibération, qui ne peut être refusée.

L'office des législateurs est de trouver, en la mettant d'accord avec les autres lois du pays, une rédaction ou formule **morale** et **juste**, claire et précise, qui détermine les devoirs de chacun, touchant le point à régler.

La loi ne dispose que pour l'avenir ; elle **n'a point d'effet rétroactif.**

37. *Définissez la loi.*

La loi, dans un pays libre, est un précepte général, stable, juste et honnête, établi pour le bien commun, promulgué par l'autorité compétente et accepté par la volonté nationale.

38. *Expliquez cette définition.*

La loi doit être : 1° un précepte **général**, c'est-à-dire fait pour l'ensemble des citoyens ; — 2° un précepte **stable**, c'est-à-dire durable ; les changements en matière de loi ne doivent être faits qu'avec lenteur et prudence ; — 3° un précepte **juste et honnête**, c'est-à-dire conforme aux principes du droit naturel et aux exigences de la dignité humaine ; une loi qui n'est pas juste et honnête ne mérite pas le nom de loi, car c'est une vérité universellement admise **qu'il n'y a pas de loi contre le droit** ; — 4° un précepte **établi pour le bien commun**, car le bien commun seul doit être le but incessamment poursuivi par les pouvoirs publics ; — 5° un précepte **promulgué par l'autorité compétente**, c'est-à-dire porté à la connaissance de tous les citoyens par le pouvoir exécutif ou par ses représentants ; on ne peut obéir à une loi sans la connaître ; — 6° un précepte **accepté par la**

---

1. Il suffit d'une seule *lecture* au lieu de trois, quand il y a déclaration d'*urgence*.

volonté nationale, c'est-à-dire voté par la majorité des députés et des sénateurs, qui sont les représentants de la nation et les dépositaires de l'autorité.

39. *Pour qu'une loi mérite le nom de loi, suffit-il qu'elle soit votée par la majorité des députés et des sénateurs?*

Il faut en outre qu'elle réunisse les cinq autres conditions qui viennent d'être indiquées.

40. *Il peut donc y avoir de mauvaises lois?*

Il peut y avoir de mauvaises lois, car les législateurs sont des hommes, et tout homme peut faire une œuvre mauvaise quand il écoute ses passions au lieu d'écouter sa raison.

41. *Qu'entend-on par légitimité et légalité en matière de lois?*

On appelle **légitime**, le précepte qui remplit toutes les conditions d'une loi (nos 37 et 38) ; on appelle **légal**, le précepte qui ne satisfait pas à toutes les autres conditions, autres que celle d'être voté par la majorité.

Une disposition **légitime** ne commande rien que de bon et de juste; une disposition **simplement légale** peut commander quelque chose de mauvais et d'injuste.

42. *Quel est le devoir du bon citoyen par rapport aux lois?*

Tout bon citoyen doit respecter et observer la loi.

43. *Pourquoi doit-on respecter et observer la loi?*

Parce que la loi **oblige** comme expression de ce que veut l'autorité, et qu'ensuite c'est de l'observation de la loi que dépendent l'ordre et la paix publique, et, par suite, la sécurité des personnes et des biens.

44. *Faut-il se soumettre aux lois qui ne sont pas* **légitimes?**

Il est des cas nombreux où il faut se soumettre aux dispositions simplement légales comme si elles étaient légitimes, car si chaque citoyen avait le droit de rejeter toutes les dispositions légales qui lui paraîtraient illégitimes, l'ordre public ne pourrait pas manquer d'être troublé, ce qui serait un très grand mal.

45. *Quand est-on obligé de désobéir aux lois illégitimes?*

On est obligé de désobéir aux lois illégitimes quand ces lois commandent des actes mauvais, c'est-à-dire défendus par la conscience, comme d'attenter à la vie, à la liberté ou à la propriété d'autrui, de faire telle chose défendue par la religion, etc.

46. *Que doivent faire les citoyens lésés par des lois illégitimes qui leur font du tort, sans cependant leur commander des actes positivement mauvais ?*

Les citoyens lésés dans leurs droits par des lois illégitimes doivent travailler à faire changer ces lois, sans pour cela troubler la paix sociale ; ils y arriveront par le recours aux tribunaux ou aux représentants du peuple, par l'appel à l'opinion publique et par des élections qui donneront le pouvoir législatif à des hommes justes et intègres.

47. *Les citoyens ne peuvent-ils pas user du droit à la révolte quand les lois injustes se multiplient ?*

Il n'y a pas de droit à la révolte : le recours aux tribunaux, l'appel à l'opinion publique, l'action électorale, sont les vrais moyens à employer pour rétablir l'ordre et la justice. Le droit à la révolte serait le droit de sédition, le droit d'émeute à main armée, le droit de verser le sang : un tel droit ne saurait exister dans un pays civilisé.

CHAPITRE III.

Des élections.

I. DES ÉLECTEURS.

48. *Qu'appelle-t-on élection ?*

On appelle élection le choix que des électeurs font d'un citoyen, par le moyen de leurs suffrages, pour les représenter dans une assemblée, ou pour remplir une charge dans l'Etat.

49. *Qu'est-ce qu'un électeur ?*

C'est celui qui a le droit de donner son suffrage ou sa voix dans une élection.

50. *A qui la loi française reconnaît-elle le droit de donner sa voix ou de voter pour constituer le gouvernement et l'administration du pays ?*

Elle reconnaît ce droit, d'une manière générale, à **tout Français âgé de 21 ans révolus.** C'est l'exercice de ce droit qu'on appelle le **suffrage universel.**

Le suffrage universel est donc un système électoral où l'universalité des citoyens est appelée à voter.

Ce principe posé, la loi met quelques restrictions à l'exercice de ce droit, en établissant des cas d'incapacité. Ainsi, ne peuvent voter ni les insensés, ni ceux qui ont été condamnés à une peine infamante, etc.[1]

En outre, la loi demande de tous certaines conditions de résidence et l'inscription sur une liste électorale.

51. *Quels noms comprend la liste électorale?*

La liste électorale comprend :

1° Les Français âgés de 21 ans accomplis, qui ont leur domicile réel dans la commune ou y habitent depuis six mois au moins. Il suffit qu'on remplisse ces conditions d'âge et de résidence avant la clôture définitive des listes (31 mars)[2];

2° Ceux qui auront été inscrits dans la commune au rôle d'une des quatre contributions directes[3] ou au rôle des prestations en nature, et qui, s'ils ne résident pas dans la commune, auront déclaré vouloir y exercer leur droit électoral[4];

3° Les Alsaciens-Lorrains qui ont opté pour la nationalité française et déclaré fixer leur résidence dans la commune;

4° Les ministres des cultes et les fonctionnaires publics obligés à la résidence.

Les listes électorales sont permanentes, mais la révision s'en fait chaque année du 1er au 10 janvier, c'est-à-dire qu'à cette époque la commission chargée de dresser ces listes en efface les noms de ceux qui ne sont plus électeurs dans la commune, et y inscrit ceux qui le sont devenus.

Du 15 janvier au 4 février, les intéressés peuvent se faire inscrire, prendre connaissance des modifications apportées aux listes électorales, et réclamer si leur nom ou celui d'un tiers a été indûment omis, radié ou inscrit.

---

1. Les militaires sous les drapeaux ne sont pas électeurs.

2. On ne tient pas compte de l'absence résultant du service militaire.

3. Les quatre contributions directes sont :
   1° Les contributions foncières;
   2° Les contributions personnelles et mobilières;
   3° Les contributions des portes et fenêtres;
   4° Les contributions des patentes.

4. Seront également inscrits, aux termes du présent paragraphe, les membres de la famille des mêmes électeurs compris dans la cote de la prestation en nature, alors même qu'ils n'y sont pas personnellement portés, et les habitants qui, en raison de leur âge et de leur santé, auront cessé d'être soumis à cet impôt.

52. *Quels caractères la loi doit-elle assurer au vote des électeurs ?*

La liberté et le secret, afin que ce vote soit consciencieux.

La loi électorale française n'assure pas d'une façon efficace le secret des votes : un patron, un supérieur hiérarchique peut donner à ses subalternes des bulletins portant le nom de tel candidat, et s'assurer que ces bulletins sont effectivement déposés dans l'urne électorale. Il est des pays où ce secret est beaucoup mieux garanti ; voici comment les choses se passent en Belgique : l'électeur se rend au local où se fait l'élection, fait constater qu'il a le droit de voter, et reçoit du président un bulletin où se trouvent les noms de tous les candidats qui se sont présentés pour être élus dans la circonscription. En regard du nom de chaque candidat, il y a un carré noir avec un point blanc au centre de ce carré (fig. 1). L'électeur, muni de ce bulletin, va dans un isoloir (fig. 2), où il devra crayonner le point blanc qui se trouve en regard du candidat auquel il donne sa voix (fig. 3, l'électeur a voté pour David). Avant de sortir de l'isoloir, où personne n'a pu voir comment il votait, l'électeur plie son bulletin, puis il vient le remettre au président, qui le dépose immédiatement dans l'urne. La parfaite uniformité des bulletins, la simplicité de l'opération à faire dans l'isoloir, l'impossibilité de savoir en quoi a consisté cette opération, garantissent un secret absolu.

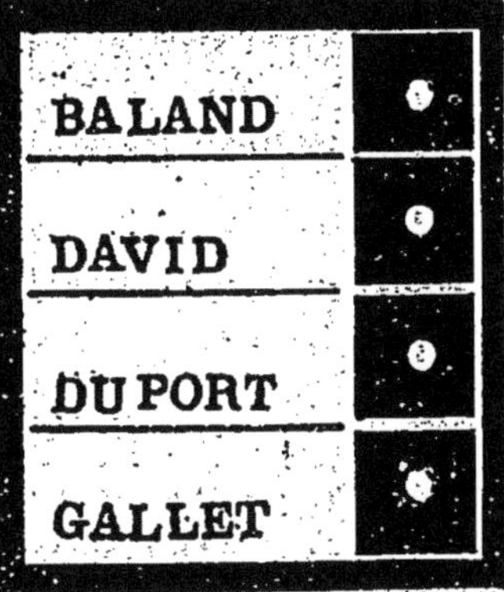

Fig. 1.

Fig. 2.

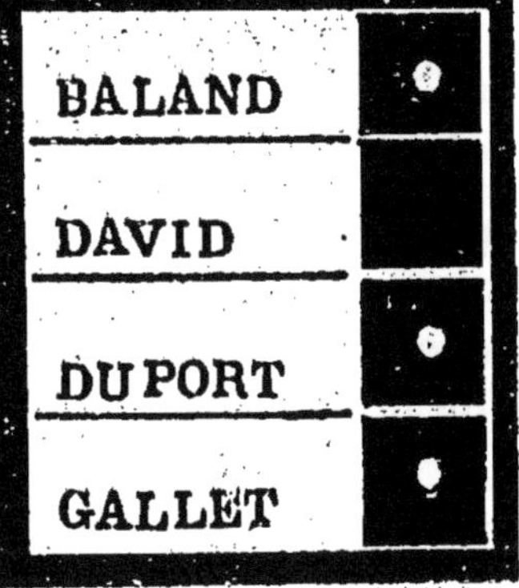

Fig. 3.

La loi électorale belge diffère encore de la loi française en plusieurs autres points : elle rend le vote obligatoire; de plus, l'électeur non marié dépose un seul bulletin dans l'urne, le chef de famille en dépose deux.

53. *A quel candidat l'électeur doit-il donner sa voix ?*

Toujours au plus digne, c'est-à-dire au plus dévoué au bien public et au plus capable de le procurer par sa compétence et son caractère.

L'électeur ne doit céder ni aux sollicitations, ni aux promesses, mais suivre sa conscience, après avoir étudié de son mieux la valeur des candidats et les garanties qu'ils offrent.

54. *Est-ce pour l'électeur un devoir d'aller voter ?*

Les élus du peuple font les lois ou bien administrent les intérêts publics, et tout bon citoyen veut que les lois soient bien faites et les intérêts publics bien administrés. Dès lors, tout bon citoyen doit aussi chercher à faire arriver au pouvoir les hommes les plus aptes à rendre au pays de si grands services. Il suffit parfois d'un nombre même peu élevé d'abstentions pour faire élire un candidat médiocre ou mauvais au lieu d'un bon. Les conséquences de l'abstention peuvent donc être très graves, et cela même fait voir combien c'est un devoir sérieux de voter, et de bien voter.

55. *Quand les électeurs sont-ils appelés à voter ?*

Les électeurs sont appelés à voter ou à faire des élections quand il s'agit de renouveler les membres du conseil municipal, du conseil d'arrondissement, du conseil général ou départemental, de la Chambre des députés et du Sénat.

II. DE LA MANIÈRE DONT SE FONT LES ÉLECTIONS.

56. *Comment se font les élections ?*

Les électeurs sont convoqués pour le jour de l'élection par un **arrêté** du préfet, s'il s'agit de l'élection du conseil municipal, et par un **décret** du président de la République dans les autres cas. Le vote, s'il ne s'agit pas des sénateurs, se fait au chef-lieu de la commune, à moins que le nombre des électeurs ou d'autres causes n'exigent que le préfet sectionne la commune en **collèges électoraux.**

57. *Par qui est présidée l'élection?*

L'élection est présidée par un **bureau** composé d'un président, de quatre assesseurs et d'un secrétaire choisi par le président et les assesseurs.

58. *A qui appartient la présidence du bureau?*

Quand il s'agit de l'élection des sénateurs, cette présidence appartient au président du tribunal civil; dans les autres cas, au maire, ensuite à ses adjoints, puis aux conseillers municipaux. A leur défaut, le président est désigné par le maire.

59. *Quels doivent être les assesseurs?*

Les assesseurs sont pris parmi les membres du conseil municipal dans l'ordre du tableau. A leur défaut, ou quand il s'agit de l'élection du conseil municipal, on prend les deux plus âgés et les deux plus jeunes électeurs présents à l'ouverture du scrutin.

60. *Comment se fait le vote?*

L'électeur, muni de sa **carte d'électeur** et d'un **bulletin** plié où est écrit le nom du candidat (ou des **candidats**) de son choix, se rend devant le bureau; il présente d'abord sa carte indiquant ses nom et prénoms, son domicile et sa profession; puis il remet son bulletin au président [1]. Le bureau vérifie la conformité de la carte avec l'inscription sur la liste électorale, ensuite le président laisse tomber le bulletin dans l'urne. Un membre du bureau constate le vote en faisant, sur la liste électorale, une marque à la marge du nom de l'électeur. Celui-ci reprend sa carte et la conserve pour le cas où un second vote deviendrait nécessaire; puis il se retire.

61. *Quelle est la durée de l'élection?*

Le scrutin est ouvert de 8 heures du matin à 6 heures du soir pour l'élection des députés; il est ouvert de

---

1. Le papier des bulletins de vote doit être blanc et sans signe extérieur. — Les bulletins sont valables bien qu'ils portent plus ou moins de noms qu'il n'y a de conseillers ou de députés à élire. Les derniers noms inscrits au delà de ce nombre ne sont pas comptés.

Les bulletins blancs ou illisibles, ceux qui ne contiennent pas une désignation suffisante ou dans lesquels les votants se font connaître, n'entrent pas en compte dans le résultat du dépouillement, mais ils sont annexés au procès-verbal.

7 heures du matin à 6 heures du soir pour l'élection du conseil général et du conseil d'arrondissement. C'est le préfet qui fixe la durée du scrutin pour l'élection du conseil municipal. Elle doit être de six heures au moins.

62. *Quelle opération suit immédiatement la fermeture du scrutin?*

C'est le dépouillement des votes. Cette opération consiste à compter d'abord les bulletins pour vérifier si le nombre en est égal à celui des votants ; puis à lire un à un les bulletins et à additionner les voix obtenues par chaque candidat. Un procès-verbal des opérations est ensuite dressé et envoyé à l'autorité centrale.

Les électeurs peuvent assister au dépouillement du scrutin et en constater la sincérité.

Un électeur qui aurait constaté quelques irrégularités dans les opérations du vote, a le droit d'exiger qu'il en soit fait mention dans le procès-verbal.

63. *Quelles conditions doit remplir l'élection d'un candidat pour qu'il soit élu?*

Il faut d'abord que les opérations du scrutin aient été régulières, et quand il s'agit des membres de la Chambre des députés, des conseils des départements, de ceux des arrondissements et de ceux des communes, que les candidats aient obtenu au moins la majorité absolue des voix (**la moitié plus une**), et que ce nombre de voix égale au moins le quart de celui des électeurs inscrits. Lorsque ces deux dernières conditions ne sont pas remplies, les candidats ne sont pas élus ; il y a **ballottage**, et l'on procède à un second tour de scrutin au jour déterminé par la loi. Alors les candidats qui obtiennent le plus de voix sont élus, lors même qu'ils n'auraient pas obtenu la moitié plus une des voix ; dans ce dernier cas, ils sont déclarés avoir la majorité relative.

CHAPITRE IV.

Du pouvoir exécutif.

I. OBJET ET DIVISION DU POUVOIR EXÉCUTIF.

64. *Quel est l'objet du pouvoir exécutif?*

C'est de gouverner et d'administrer l'État selon les lois.

Lorsque le pouvoir exécutif fait exécuter les lois, on dit qu'il **gouverne** ; quand il veille au bon fonctionnement des services publics, on dit qu'il **administre**.

65. *Comment se divise l'administration du pays?*

Elle se divise en administration **centrale** et en administration **locale**.

66. *A qui est confiée l'administration centrale ?*

Elle est confiée au président de la République, aux ministres et au Conseil d'État.

67. *A qui est confiée l'administration locale ?*

Elle est confiée à des agents présents au milieu des populations qu'ils doivent administrer. Tels sont les **préfets**, les **sous-préfets**, les **maires**, etc.

II. DU PRÉSIDENT DE LA RÉPUBLIQUE.

68. *Comment est nommé le président de la République?*

Il est nommé à la majorité absolue des voix, par la Chambre des députés et le Sénat, réunis en **Assemblée nationale** sous la présidence du président du Sénat, un mois avant l'expiration des pouvoirs de l'ancien président. Le président sortant peut être réélu.

69. *Pour combien de temps est élu le président de la République?*

Il est élu pour sept ans.

70. *Quelles sont les attributions du président de la République ?*

C'est le président de la République qui nomme et révoque les ministres; il convoque les Chambres et prononce la clôture des sessions ; il peut, d'accord avec le Sénat, dissoudre la Chambre des députés ; il promulgue les lois ; il nomme, sur la proposition des minstres, à tous les emplois civils et militaires ; il négocie les traités, sauf à les faire ratifier par les Chambres ; il dispose de la force armée ; il déclare la guerre avec l'assentiment des Chambres ; il envoie les représentants de la France auprès des autres puissances et reçoit les leurs ; il a le droit de grâce, etc.

III. DES MINISTRES.

71. *Que sont les ministres?*

Les ministres sont des citoyens choisis par le président de la République pour gouverner et administrer la nation. Réunis en conseil sous la présidence du président de la République, ou de l'un d'eux appelé **président du Conseil**, les ministres forment le **gouvernement** du pays ou le **Cabinet**.

72. *Comment appelle-t-on les actes par lesquels les membres du gouvernement exercent leur pouvoir?*

1° Les actes par lesquels le président de la République exerce son autorité, s'appellent **décrets**. Les décrets sont toujours contresignés par un ministre, qui en prend la responsabilité.

2° Les décisions prises et les règlements donnés par les ministres se nomment **arrêtés**, et leurs instructions, **circulaires**. Les arrêtés règlent ordinairement la manière d'appliquer la loi; les circulaires l'interprètent et l'expliquent.

73. *Qui est responsable des actes du gouvernement?*

Ce sont les ministres qui sont responsables, devant les Chambres, des actes du gouvernement; de plus, chacun d'eux est responsable de l'administration particulière qui lui est confiée.

Le président de la République n'est responsable qu'en cas de haute trahison, c'est-à-dire de complot contre la sûreté de l'État.

74. *Combien y a-t-il de ministres?*

Il y a généralement autant de ministres que de grands services publics. On en compte onze aujourd'hui, savoir:

1° Le ministre de l'INTÉRIEUR ET DES CULTES;

2° Le ministre de la JUSTICE;

3° Le ministre de l'INSTRUCTION PUBLIQUE ET DES BEAUX-ARTS;

4° Le ministre des FINANCES;

5° Le ministre de la GUERRE;

6° Le ministre de la MARINE;

7° Le ministre des AFFAIRES ÉTRANGÈRES;

8° Le ministre de l'AGRICULTURE;

9° Le ministre du COMMERCE ET DE L'INDUSTRIE. — A ce ministère est rattachée la direction des POSTES ET TÉLÉGRAPHES;

10° Le ministre des TRAVAUX PUBLICS;

11° Le ministre des COLONIES.

IV. DU CONSEIL D'ÉTAT.

75. *Qu'est-ce que le Conseil d'État?*

Le Conseil d'État est en même temps le tribunal administratif supérieur de la France, et le haut conseil placé auprès des ministres pour les assister de ses lumières.

76. *Quelle est la fonction du Conseil d'État comme* **tribunal administratif supérieur?**

Comme tribunal administratif supérieur, le Conseil d'État reçoit et juge les appels formés contre les arrêtés des préfets et des ministres ; il annule les décisions et les actes des autorités administratives pour cause d'incompétence, d'excès de pouvoir ou de violation de la loi.

77. *Quand le Conseil d'État est-il appelé à remplir son rôle de* **haut conseil ?**

C'est surtout quand le gouvernement veut décider ou régler une question par voie de **décret** ; alors le Conseil d'État est appelé à donner son avis. Il donne aussi son avis sur la manière d'interpréter et d'observer les lois.

78. *Comment se compose le Conseil d'État ?*

Le Conseil dÉtat se compose :

1° Du ministre de la Justice, président, et d'un vice-président ;

2° De 32 conseillers ordinaires ;

3° De 18 conseillers en service extraordinaire ;

4° De 30 maîtres des requêtes ;

5° De 36 auditeurs nommés au concours.

CHAPITRE V.

De l'administration locale, et de l'administration civile en particulier.

79. *Qu'est-ce que l'administration locale ?*

C'est celle qui s'exerce par des agents de l'administration centrale placés au milieu des populations à administrer.

80. *Que comprend l'administration locale ?*

Elle comprend l'administration civile, celle des services publics et celle du domaine de l'État.

I. DE L'ADMINISTRATION CIVILE EN GÉNÉRAL.

81. *Quel est l'objet principal de l'administration civile ?*

L'administration civile a principalement pour objet d'assurer l'ordre et la tranquillité à l'intérieur, afin que chacun puisse librement remplir ses devoirs et jouir de ses droits.

82. *Quel ministre est chargé de cette administration?*

C'est le ministre de l'Intérieur.

83. *Comment se divise la France sous le rapport de l'administration civile?*

Sous le rapport de l'administration civile, la France est divisée en **départements**, le département en **arrondissements**, l'arrondissement en **cantons**, le canton en **communes**.

84. *Quels sont les fonctionnaires qui relèvent du ministre de l'Intérieur et sont soumis à sa direction?*

Ce sont principalement :

1° Les **préfets**, chargés d'administrer les départements;

2° Les **sous-préfets**, chargés d'administrer les arrondissements;

3° Les **maires**, chargés d'administrer les communes.

II. DE L'ADMINISTRATION DÉPARTEMENTALE.

85. *Qu'est-ce que le département?*

Le département est la plus grande circonscription territoriale et administrative de la France ; il jouit de la personnalité civile. Il y a actuellement en France 86 départements, plus le territoire de Belfort.

86. *Qu'est-ce à dire que le département est une* **circonscription territoriale?**

C'est-à-dire que le territoire départemental a des limites déterminées.

87. *Qu'est-ce à dire que le département est une* **circonscription administrative?**

C'est-à-dire que les intérêts communs des habitants du département sont gérés par une administration spéciale.

88. *Qu'est-ce à dire que le département jouit de la* **personnalité civile?**

C'est-à-dire que la loi reconnaît au département le droit de faire les actes civils d'une personne réelle, comme acquérir, posséder, plaider en justice, etc.

89. *De quoi se compose l'administration départementale ?*

L'administration départementale se compose du préfet, du conseil de préfecture, du conseil général et de la commission départementale.

90. *Quelles sont les fonctions du* **préfet** *?*

Le préfet est l'agent du gouvernement placé à la tête du département ; il est chargé de l'**action administrative**, c'est-à-dire de faire exécuter, dans son département, les lois, les décrets, les arrêtés ministériels. Quoiqu'il relève directement du ministre de l'Intérieur, il est, comme agent du gouvernement, en rapport avec tous les autres ministres. C'est aussi au préfet qu'appartient le contrôle de l'administration communale.

Un **secrétaire général** assiste le préfet dans son administration, et le remplace ordinairement par délégation, en cas d'absence ; à défaut de délégation, c'est le conseiller de préfecture le plus ancien qui remplace le préfet.

91. *Quel est l'office du* **conseil de préfecture** *?*

Le conseil de préfecture est un **conseil délibérant** chargé d'éclairer le préfet dans son administration ; il est aussi un **tribunal administratif**, qui juge un certain nombre d'affaires d'administration. Le préfet en préside les séances.

92. *Comment est composé le conseil de préfecture ?*

Il est composé de trois ou de quatre membres nommés par le chef de l'Etat. Pour être nommé conseiller de préfecture, il faut avoir au moins 25 ans et être licencié en droit.

93. *Comment est composé le* **conseil général** *?*

Le conseil général, renouvelable par moitié tous les trois ans, est composé d'autant de membres élus pour 6 ans qu'il y a de cantons dans le département. Les électeurs municipaux de chaque canton élisent un conseiller général. (Voir le chapitre des élections, p. 63.)

94. *Quelles sont les conditions d'éligibilité des conseillers généraux ?*

Peut être élu conseiller général tout citoyen âgé de 25 ans, domicilié dans le département et inscrit sur une liste d'électeurs, ou qui pourrait y être inscrit avant le jour de l'élection. Peut aussi être élu celui qui, n'étant pas domicilié dans le département, y est inscrit au rôle de l'une des quatre contributions directes[1] au 1er janvier de

---

1. Voir la note page 64.

l'année de l'élection, ou qui devrait y être inscrit à ce jour. Mais le nombre des conseillers non domiciliés ne peut dépasser le quart du nombre total des conseillers.

95. *Comment fonctionne le conseil général ?*

Le conseil général a deux sessions par an : la première, dont la durée est d'un mois, s'ouvre le second lundi après Pâques ; la seconde, qui dure quinze jours, s'ouvre le second lundi après le 15 août.

Les délibérations sont dirigées par un **bureau** composé d'un président, d'un vice-président et d'un secrétaire, les trois élus par le conseil. Le **bureau** est nommé à la seconde session et ses fonctions durent un an. — Le préfet a le droit d'assister aux séances.

96. *Quelles sont les attributions du conseil général ?*

Le conseil vote le budget départemental préparé par le préfet ; il répartit entre les arrondissements les impôts affectés au département ; il s'occupe de la gestion des **biens départementaux**, soit du **domaine public (routes, chemins de fer**, etc.), soit du **domaine privé (terrains, forêts, édifices, rentes**, etc.) ; il s'occupe aussi des services publics du département **(assistance des enfants abandonnés, entretien des écoles normales**, etc.), des intérêts communaux **(établissement de foires, de marchés**, etc.).

Quelques-unes des décisions du conseil général sont exécutoires... ; d'autres ne le deviennent que par l'approbation du gouvernement, par exemple le budget.

Les conseils généraux ont aussi pour mission extraordinaire, dans le cas où les Chambres viendraient à être dissoutes illégalement ou à ne pouvoir siéger, de se réunir d'urgence et de nommer chacun deux délégués qui, réunis aux membres du gouvernement légal et aux députés qui auraient pu se soustraire à la violence, formeraient une Assemblée destinée à maintenir l'ordre, à pourvoir provisoirement aux besoins généraux du pays, et à rendre aux Chambres leur indépendance et leurs droits.

97. *Qu'est-ce que la* **commission départementale ?**

C'est une commission formée de membres du conseil général (**4 au moins, 7 au plus**), et chargée de surveiller l'exécution des décisions du conseil général ainsi que de régler certaines affaires moins importantes. Les membres de cette commission sont nommés par le conseil lui-même.

98. *Comment fonctionne la commission départementale ?*

Cette commission se réunit à la préfecture, une fois par mois, au jour convenu, sous la présidence du plus âgé de ses membres, et prend connaissance de la manière dont le préfet se conforme, pour son administration, aux décisions du conseil général. Elle peut aussi s'occuper des affaires dont le conseil lui a laissé le soin.

III. DE L'ADMINISTRATION DE L'ARRONDISSEMENT.

99. *Qu'est-ce qu'un arrondissement ?*

Un arrondissement est une division territoriale du département comprenant plusieurs cantons, et une circonscription administrative, sans personnalité civile. Il y a aujourd'hui 362 arrondissements en France.

100. *De quoi se compose l'administration de l'arrondissement ?*

L'administration de l'arrondissement se compose du sous-préfet et d'un conseil d'arrondissement.

101. *Quelles sont les fonctions du* **sous-préfet ?**

Le sous-préfet est le représentant du gouvernement à la tête de l'arrondissement, l'intermédiaire entre le préfet et les communes de l'arrondissement. Il remplace le préfet pour quelques fonctions et statue sur un petit nombre d'affaires. Il est nommé par le chef de l'Etat.

102. *Comment est composé le* **conseil d'arrondissement ?**

Ce conseil se compose d'autant de membres qu'il y a de cantons dans l'arrondissement. Chaque canton élit un conseiller d'arrondissement.

Cependant, si le nombre des cantons était inférieur à **neuf**, un ou plusieurs cantons désignés par l'autorité éliraient deux conseillers.

103. *Quel est l'office du conseil d'arrondissement ?*

C'est le conseil d'arrondissement qui répartit entre les communes les impôts affectés à l'arrondissement ; il prépare aussi certaines délibérations du conseil général.

IV. DU CANTON.

104. Le canton n'est point, à proprement parler, une circonscription administrative. Cependant des intérêts communs relient les unes aux autres les communes d'un même canton. C'est au chef-lieu du canton que le **juge de paix** rend la justice. C'est au chef-lieu du canton qu'a lieu le tirage au sort, et, dans bien des cas, c'est aussi là que se tiennent les foires et les marchés.

Il y a actuellement 2.878 cantons en France.

V. DE L'ADMINISTRATION COMMUNALE.

105. A mesure que les hommes se sont multipliés, l'instinct social, des besoins et des devoirs communs ont rapproché et groupé les familles. Elles ont formé des hameaux, des villages, des bourgades, etc.

Alors, des intérêts généraux ont rendu nécessaire la possession commune de certaines choses, comme les rues, les chemins, les fontaines, les lieux de réunion pour le culte religieux, pour les délibérations.

Ces biens communs ou **communaux** exigent que quelqu'un soit chargé spécialement d'en prendre soin : de là une **administration communale.**

Pour entretenir ces chemins, ces bâtiments, il faut créer des ressources ; on a trouvé juste que chacun y contribuât pour sa quote-part, puisque tout le monde en profitait : de là les **contributions,** puis le **budget communal.**

C'est ainsi que s'est organisée la commune.

106. *Qu'est-ce qu'une commune?*

Une commune, en France, est la plus petite circonscription territoriale et administrative jouissant de la personnalité civile. On compte actuellement environ 36.170 communes en France.

107. *Quels sont les biens que possèdent les communes?*

Toutes les communes possèdent deux espèces de biens :

1° Les biens du **domaine public,** affectés à l'usage de tous : rues, places, chemins, fontaines, etc.;

2° Les biens du **domaine privé,** dont la commune jouit à la manière d'un particulier : mairie, presbytère, école, etc.

Quelques communes possèdent, en outre, des pâturages, appelés biens **communaux** ; d'autres possèdent des forêts, dont les coupes sont distribuées aux habitants sous le nom d'**affouages** (bois destinés au feu), etc.

108. *De quoi se compose l'administration communale?*

L'administration communale se compose d'un maire assisté d'un ou de plusieurs adjoints, et d'un conseil municipal [1].

109. *Qu'est-ce que le* **conseil municipal?**

Le conseil municipal est une assemblée délibérante

---

1. La ville de Paris, à cause de son importance exceptionnelle, a une administration particulière.

dont les membres, appelés **conseillers**, au nombre de **dix**, au moins, et de **trente-six**, au plus [1], sont élus, pour **quatre** ans, par les électeurs de la commune.

110. *Qui peut être élu membre du conseil municipal?*

Pour être éligible au conseil municipal, il faut : 1° être électeur dans la commune, ou du moins y être inscrit au rôle de l'une des quatre contributions directes ; 2° être âgé d'au moins 25 ans ; 3° ne se trouver dans aucun des cas d'exclusion prévus par la loi. (Voir le chapitre des élections, p. 63.)

Toutefois le nombre des conseillers qui ne résident pas dans la commune au moment de l'élection, ne peut dépasser le quart du nombre des membres du conseil.

111. *Quand les sessions du conseil municipal ont-elles lieu?*

Les sessions ordinaires ont lieu quatre fois par an : en **février, mai, août, novembre**, et durent 15 jours. La session pendant laquelle le budget est discuté peut durer six semaines.

Le préfet ou le sous-préfet peut prescrire la convocation extraordinaire du conseil municipal. Le maire peut également réunir le conseil municipal chaque fois qu'il le juge utile. Il est tenu de le convoquer quand une demande motivée lui en est faite par la majorité en exercice du conseil [2].

Les séances du conseil municipal sont ordinairement publiques. Tout habitant ou contribuable a le droit de demander communication et de prendre copie des procès-verbaux du conseil municipal.

112. *Qui préside les séances du conseil municipal?*

C'est le maire, ou, à son défaut, l'adjoint.

113. *Quelles sont les attributions du conseil municipal?*

Le conseil municipal est chargé d'administrer les biens de la commune et de pourvoir aux services publics communaux. Pour être exécutoires, ses délibérations, du moins pour la plupart, ont besoin de l'approbation préfectorale.

114. *Que fait le conseil municipal pour l'administration des biens de la commune?*

---

1. Le conseil municipal se compose de 10 membres dans les communes de 500 habitants et au-dessous, de 12 dans celles de 501 à 1500, etc.

2. Dans l'un et l'autre cas, le maire en donne avis au préfet ou au sous-préfet, et le conseil ne s'occupe que des objets spéciaux pour lesquels il est convoqué.

Il délibère sur les moyens de conservation et sur l'usage de ces biens ; sur les acquisitions et les aliénations à faire, sur les travaux à exécuter, sur le budget communal, etc.

115. *Qu'est-ce que le budget communal?*

C'est le tableau ou l'état des recettes et des dépenses à effectuer pendant l'année. Le budget est proposé par le maire, et il est discuté par le conseil municipal, chargé de veiller à ce qu'il n'y ait pas de dépenses inutiles ou mal employées, et à ce que l'argent ne manque pas pour les dépenses de première nécessité.

116. *D'où proviennent les ressources de la commune?*

Les ressources de la commune proviennent de ses biens, des impôts que payent les habitants, des produits de certains droits : octroi, halles, patentes, etc.

117. *Quels sont les services publics communaux auxquels doit pourvoir le conseil municipal?*

Ces services sont : la **voirie** (rues, chemins, etc.), la **police** (ordre et sécurité dans la commune), l'**instruction primaire** (entretien de la maison d'école, payement des instituteurs, etc.), le **culte** (entretien de l'église, du presbytère, etc.), l'**assistance publique** (entretien de l'hospice, bureau de bienfaisance, etc.). Le conseil y pourvoit en votant les **crédits** nécessaires pour couvrir les dépenses qu'entraînent ces services.

118. *Qu'est-ce que le* maire *de la commune?*

Le maire est le chef et le représentant de la commune, et l'agent du gouvernement. Il est assisté par un ou plusieurs adjoints, suivant l'importance de la commune [1].

Les fonctions de maires, adjoints, conseillers municipaux sont gratuites.

119. *Comment sont choisis et nommés les maires et les adjoints?*

Le conseil municipal élit le maire et les adjoints parmi ses membres. Les maires et adjoints sont nommés pour la même durée que le conseil municipal.

---

1. Une commune qui ne compte pas plus de 2.500 habitants a un adjoint ; jusqu'à 10.000 habitants elle en a deux ; au-delà, elle a un adjoint de plus par chaque excédent de 25 000 habitants, sans que le nombre des adjoints puisse dépasser 12 (sauf pour Lyon).

120. *De quoi est chargé le maire?*

1° Le maire, ou à son défaut l'adjoint, est chargé de réunir et de présider le conseil municipal, et d'en exécuter les délibérations, après que le préfet les a approuvées.

2° Il est seul chargé de la **voirie** et de la **police**. Il doit veiller à la sécurité des habitants, au maintien de l'ordre dans les rues, sur les places publiques, dans les cabarets, etc. A cet effet, il peut prendre des **arrêtés** obligatoires pour tous les habitants.

3° En sa qualité de représentant du gouvernement, le maire est chargé de publier et de faire exécuter dans la commune les lois, les règlements et les autres actes du gouvernement. C'est lui qui doit tenir les registres de l'**état civil**, où sont inscrits les naissances, les décès, les mariages.

4° C'est le maire qui nomme les employés de la commune : secrétaire de la mairie, agent de police, garde champêtre, etc.

Un maire honnête, juste, intelligent et dévoué peut beaucoup pour la paix, le bonheur et la prospérité de la commune.

121. Centralisation et décentralisation. — Le régime dans lequel l'administration locale et la politique générale sont remis aux mains des premiers chefs de l'Etat, s'appelle la **centralisation** ; le régime dans lequel l'administration reste aux mains des intéressés, les chefs de l'Etat réservant toute leur puissance d'action pour s'occuper de la politique générale, s'appelle la **décentralisation.**

La France, à l'heure actuelle, est un pays de centralisation complète ; le pouvoir central y exerce une action immédiate sur les moindres détails de l'administration locale. Dans les **communes**, par exemple, rien, ou à peu près rien, ne peut être fait sans la permission et le contrôle de l'Etat.

Les communes des Etats-Unis, d'Angleterre et de plusieurs autres pays sont, au contraire, sous le régime de la **décentralisation** ou de la **liberté administrative,** et cette liberté a les plus heureux résultats : 1° Grâce à elle, les intérêts communaux sont très bien gérés, car ils le sont par les intéressés eux-mêmes. — 2° Les services publics : voirie, police, instruction publique, culte,... sont très bien faits, car, toutes les communes étant libres, dès qu'une amélioration dans quelqu'un de ces services est réalisée par une d'entre elles, l'émulation s'empare des autres, et la marche vers le progrès résulte alors d'un entraînement presque inévitable. — 3° Au sein de la liberté communale, le sentiment de l'initiative personnelle se développe pour ainsi dire nécessairement, et les citoyens des communes autonomes deviennent très entreprenants ; on les trouve partout à la tête du mouvement des affaires. — 4° Les citoyens s'habituent, par un exercice réel du gouvernement local, à porter noblement la responsabilité des intérêts qui leur sont confiés, et, quand le peuple leur donne un mandat de représentant, ou que le gouvernement les appelle dans ses conseils et dans ses ministères, ils traitent les affaires en hommes préparés et non en apprentis inexpérimentés. — 5° Ces citoyens libres, ayant avec le gouvernement central des rapports moins fréquents que les nôtres, puisque l'Etat n'intervient pas dans leurs affaires, ont par là même moins d'occasions de critiquer les actes du pouvoir, moins besoin de mendier la protection d'un homme ou d'un parti ; ils s'occupent donc peu de politique et beaucoup de leurs affaires. — 6° Les gouvernants, dégagés des minuties de l'administration locale, peuvent s'appliquer entièrement aux affaires de l'Etat, et ils sentent qu'ils doivent le faire.

122. Les inconvénients de la centralisation administrative sont, d'une manière générale, l'opposé des avantages de la décentralisation ; il convient cependant d'insister encore sur deux de ces inconvénients :

1° Le régime de la centralisation établit une sorte d'irresponsabilité à tous les degrés de l'échelle administrative : on trouve difficilement à qui imputer les fautes commises dans la gestion des affaires ; les subalternes renvoient les responsabilités aux supérieurs, et ceux-ci prétendent avoir été mal compris ou mal servis par les subalternes. Cet état de choses ne favorise pas la probité, mais la corruption ; il porte les administrés à la défiance et les administrateurs à l'indifférence.

2° La centralisation engendre le fonctionnarisme, c'est-à-dire : 1° la création d'une multitude d'emplois rétribués par l'Etat ; 2° le désir, chez beaucoup de citoyens, d'obtenir quelqu'un de ces emplois où, grâce à un traitement fixe, on est sûr d'avoir le nécessaire lors même que l'agriculture, l'industrie et le commerce seraient dans le marasme.

Or le fonctionnarisme est un grand mal : 1° il coûte très cher ; 2° il immobilise dans des fonctions rétribuées et non productives des personnalités qui, obligées de lutter pour vivre, auraient fait quelque chose d'utile sans rien coûter à la société ; 3° il donne une fausse orientation à l'éducation nationale : les jeunes gens sont portés en effet à rechercher la vie facile du fonctionnaire plutôt qu'à se lancer dans les affaires ; et cela constitue un véritable danger pour la prospérité publique, car une nation ne prospère matériellement qu'en créant des richesses. Mais l'agriculture, l'industrie et le commerce sont des moyens de s'enrichir en augmentant la fortune publique ; au contraire, les emplois salariés dans l'administration, quand ils deviennent trop nombreux, sont des moyens de s'enrichir qui diminuent la fortune publique. Il ne faut pas perdre cela de vue.

CHAPITRE VI.

Des services publics.

I. NATURE DES SERVICES PUBLICS.

123. *Qu'appelle-t-on ici* **services publics ?**

On appelle ainsi des institutions ou des travaux continus destinés à pourvoir aux besoins matériels, intellectuels et moraux de la nation, et pour lesquels un personnel particulier est nécessaire.

124. *Donnez quelques exemples de ces services publics.*

Le maintien de l'ordre à l'intérieur et la garde des frontières par le moyen de la force publique, l'exercice de la justice pour assurer l'exécution des lois, l'entretien des voies de communication, etc.

II. DE L'EXERCICE DE LA JUSTICE.

125. *Quel est l'objet de l'autorité judiciaire ?*

L'autorité judiciaire a pour objet de juger les contestations au sujet **d'intérêts privés**, et de réprimer, par des peines, les **infractions aux lois.**

126. *Par qui est exercée l'autorité judiciaire ?*

L'autorité judiciaire est exercée par des magistrats de deux espèces, nommés par le président de la République, sur la proposition du ministre de la Justice : les **juges** et les **officiers du ministère public.**

127. *Quel est l'office des juges ?*

Les juges forment des **tribunaux** chargés de prononcer des décisions ou jugements pour terminer des contestations ou pour condamner des coupables [1].

128. *Quel est l'office du ministère public ?*

Le ministère public représente la société auprès du tribunal ; en cette qualité, il est chargé de poursuivre les

---

1. La justice est gratuite, c'est-à-dire qu'on n'a point à payer les juges ; mais il y a des frais d'huissier, de papier timbré, de greffe, les honoraires de l'avocat, de l'avoué, des experts, etc. Les indigents peuvent obtenir dispense de ces frais : c'est l'*assistance judiciaire.*

crimes, les délits, les infractions aux lois, et d'en demander le châtiment.

Le ministère public est représenté : auprès des tribunaux de première instance, par un **procureur de la République**, qui peut être assisté d'un ou plusieurs **substituts** ; auprès des cours d'appel, par un **procureur général** assisté d'**avocats généraux** et de **substituts**.

Ces magistrats forment le **parquet**. Ils sont révocables à volonté, tandis que les juges (excepté les juges de paix) sont **inamovibles**, c'est-à-dire qu'ils ne peuvent pas être révoqués par le pouvoir, quoiqu'ils puissent être déplacés.

129. *Comment divise-t-on les tribunaux judiciaires ?*

Les tribunaux judiciaires se divisent en deux juridictions : les juridictions **civiles** et les juridictions **criminelles**.

130. *Quelles sont les juridictions civiles ?*

Ce sont :

1° La **justice de paix**, dans chaque canton ;

2° Le **tribunal de première instance**, dans chaque arrondissement ;

3° Les **cours d'appel**, au nombre de 26 pour toute la France ;

4° La **Cour de cassation**, qui est la juridiction suprême chargée de vérifier si les causes qu'on lui soumet ont été bien jugées.

131. Le **juge de paix** prononce dans les affaires de peu d'importance. Il cherche d'abord à concilier les parties ; s'il n'y parvient pas, il juge sans appel les causes dont la valeur ne dépasse pas 100 francs, et avec appel celles dont la valeur s'élève jusqu'à 200 francs et quelquefois jusqu'à 1.500 francs.

132. Les **tribunaux de première instance** jugent en général les affaires, à quelque somme qu'elles puissent s'élever. Ils jugent en dernier ressort les affaires dont la valeur est estimée de 100 à 1.500 francs, et en première instance, c'est-à-dire avec faculté d'appel, celles qui portent sur une valeur plus grande.

133. Les **cours d'appel** reçoivent les appels des tribunaux de première instance. Leurs juges, ainsi que ceux de la **Cour de cassation**, sont appelés **conseillers**.

134. La **Cour de cassation** ne juge point le fond des affaires : elle examine seulement si la procédure a été régulière et le jugement conforme à la loi. En cas d'affirmative, elle maintient l'arrêt ; dans le cas contraire, elle **casse** l'arrêt et renvoie l'affaire devant un autre tribunal du même ordre.

135. *Quelles sont les juridictions criminelles ?*

Ce sont :

1° La juridiction de **police**, exercée par le juge de paix [1], qui juge les simples **contraventions** aux lois, aux règlements ;

2° La juridiction **correctionnelle**, exercée par les tribunaux de première instance, pour juger les **délits**;

3° La juridiction **criminelle**, exercée par les cours d'assises, dans chaque département, pour juger les **crimes**. Les cours d'assises se composent de trois juges et d'un **jury**. Les juges rendent la sentence d'après le **verdict** du jury ;

4° La **Cour de cassation**, dont le rôle a été expliqué plus haut.

Les cours d'assises siègent, en général, dans les chefs-lieux des départements et ont quatre sessions par an. Le président est un conseiller de Cour d'appel. A chaque session, **on** tire au sort, sur une liste dressée par l'administration, 36 noms de citoyens qui doivent remplir les fonctions de **jurés** pendant la session (plus les noms de quatre jurés suppléants). Pour chaque affaire, le président des assises tire au sort, sur la liste de ces 36 noms, les noms des 12 jurés qui doivent constituer le jury. A mesure qu'un nom sort de l'urne, l'accusé ou le procureur peuvent le récuser, c'est-à-dire l'exclure de la liste des 12. Ce droit de récusation est plein : ni l'accusé, ni le procureur ne sont obligés de dire pourquoi ils écartent tel nom. On cesse de tirer de nouveaux noms dès que le nombre de 12 jurés non récusés est atteint ; d'autre part, l'accusé et le procureur cessent de pouvoir récuser quand il ne reste plus dans l'urne que le nombre de noms nécessaire pour compléter la liste des 12.

Le président interroge l'accusé et les témoins, dirige les débats et dresse la liste des questions à soumettre au jury. Celui-ci, après en avoir délibéré, déclare par **oui** ou par **non** si l'accusé est coupable, et s'il existe en sa faveur des **circonstances atténuantes.** D'après cette déclaration ou **verdict**, les juges prononcent l'acquittement ou la condamnation de l'accusé.

Si le jury accorde le bénéfice des circonstances atténuantes, la peine est abaissée au moins d'un degré.

L'accusé a nécessairement un avocat.

136. Tribunaux spéciaux. — 1° Les **tribunaux de commerce** jugent les différends survenus entre commerçants au sujet de leurs affaires commerciales. Les juges sont élus pour deux ans par les notables commerçants de l'arrondissement. Dans les arrondissements où il n'y a pas de tribunal de commerce, on recourt au tribunal de première instance.

---

1. Il peut infliger jusqu'à 15 francs d'amende et 5 jours de prison. — Le ministère public est représenté auprès du tribunal de simple police par le maire, le commissaire de police, l'adjoint, etc.

2° L'armée de terre et la marine ont des conseils de guerre, dont on peut appeler devant des conseils de révision.

3° Les tribunaux administratifs jugent les différends survenus entre les particuliers et l'administration : ce sont le Conseil de préfecture, le Conseil d'Etat, etc.

III. DE L'INSTRUCTION PUBLIQUE.

137. *Comment se divise l'enseignement en France ?*

Il se divise, à tous les **degrés**, en enseignement **public** et en enseignement **privé** (plus souvent appelé enseignement **libre**).

138. *Qu'est-ce que l'enseignement public ?*

L'enseignement public est celui qui est donné aux frais de l'Etat, des départements ou des communes.

139. *Qu'appelle-t-on enseignement libre ?*

On appelle enseignement libre celui qui est donné au compte des particuliers, ou des associations.

140. *Quels sont les différents degrés d'enseignement ?*

On distingue quatre degrés d'enseignement :

1° L'enseignement **maternel**, pour les enfants de 2 à 7 ans, donné dans la famille ou dans des écoles dites **maternelles** ;

2° L'enseignement **primaire**, obligatoire pour les enfants de 6 à 13 ans [1], donné dans les écoles primaires élémentaires [2] ou supérieures [3] ;

---

1. A moins qu'ils n'obtiennent avant 13 ans le certificat d'études primaires.

2. D'après le décret du 18 janvier 1887, *l'instruction primaire élémentaire* comprend :

L'enseignement moral et civique, — la lecture et l'écriture, — la langue française, — le calcul et le système métrique, — l'histoire et la géographie, spécialement de la France, — les leçons de choses et les premières notions scientifiques, principalement dans leur application à l'agriculture, — les éléments du dessin, du chant et du travail manuel, — et les exercices gymnastiques et militaires.

Depuis la loi du 28 mars 1882 sur l'enseignement primaire, l'*instruction religieuse* n'entre plus dans le programme des écoles publiques ; elle est laissée à la sollicitude des parents et à la charge du clergé de la paroisse.

Cette instruction est la plus nécessaire de toutes : elle seule donne les connaissances et assure les secours indispensables pour arriver au bonheur. Les enfants doivent donc avoir grandement à cœur de l'acquérir et de la posséder.

3. D'après le décret ministériel du 31 janvier 1893, l'*enseignement primaire supérieur* comprend :

L'éducation morale, — l'instruction civique, — la langue française et des

3° L'enseignement **secondaire**, classique ou moderne, donné dans les lycées, collèges, petits séminaires, etc. [1];

4° L'enseignement **supérieur**, donné principalement dans les Facultés [2].

141. *Comment est divisée la France sous le rapport de l'enseignement ?*

Sous le rapport de l'enseignement, la France est divisée en 16 circonscriptions **académiques**, ayant chacune un recteur à sa tête.

142. Les autorités préposées à l'administration de l'enseignement sont : le ministre de l'Instruction publique assisté du Conseil supérieur et des inspecteurs généraux, les recteurs, les conseils académiques, les inspecteurs d'académie, les conseils départementaux de l'instruction publique et les inspecteurs primaires.

IV. DES CULTES.

143. *Qu'est-ce que le culte ?*

C'est l'ensemble des actes religieux réglés par l'autorité compétente pour rendre à Dieu les hommages suprêmes qui lui sont dus.

144. *Quelle est, à l'égard du culte, la maxime du droit public français ?*

C'est que **nul ne doit être inquiété pour ses opinions**

---

notions de littérature française, — l'histoire nationale et des notions d'histoire générale, spécialement des temps modernes ; — la géographie de la France et des colonies, et des notions de géographie générale, spécialement de géographie commerciale et industrielle, — les langues vivantes, — des notions de droit usuel et d'économie politique, — les éléments de l'arithmétique et ses principales applications au commerce, — les éléments du calcul algébrique et de la géométrie, — les règles de la comptabilité usuelle et de la tenue des livres, — les notions des sciences physiques et naturelles, spécialement dans leurs applications à l'agriculture, au commerce et à l'industrie, — le dessin géométrique, — le dessin d'ornement et le modelage, — la gymnastique, — le travail du bois et du fer.

1. L'enseignement secondaire classique est surtout littéraire ; il a pour objet principal l'étude des chefs-d'œuvre de la langue grecque, de la langue latine et de la langue française. L'enseignement secondaire moderne est surtout pratique ; il a pour objet principal l'étude des sciences dans leur application pratique et celle des langues vivantes.

2. Les Universités sont des institutions de l'État et se composent des Facultés de droit, de médecine, des lettres, des sciences. L'enseignement supérieur libre est donné à Paris, à Lille, à Angers, à Lyon et à Toulouse, dans les Facultés catholiques ou dans les Écoles de hautes études, pour la théologie, le droit, les lettres, les sciences. Lille a une Faculté catholique de médecine.

religieuses, pourvu que leur manifestation ne trouble pas l'ordre public. Néanmoins, la loi française reconnaît trois cultes, aux ministres desquels l'Etat assure un traitement.

Le traitement du clergé catholique est, de la part de l'Etat, l'acquittement d'une dette de justice. En effet, le 2 novembre 1789, l'Assemblée nationale rendit le décret suivant : « Tous les biens ecclésiastiques sont à la disposition de la Nation, à charge de pourvoir d'une manière convenable aux frais du culte, à l'entretien de ses ministres et au soulagement des pauvres. »

145. *Quels sont les trois cultes reconnus par la loi française ?*

Ce sont : le culte catholique, le culte protestant et le culte israélite. (Il ne sera question ici que du culte catholique, qui est celui de 36.000.000 de Français, sur 38.500.000 habitants.)

146. *Comment se divise la France sous le rapport de l'administration du culte catholique ?*

Sous ce rapport, la France se divise en **provinces ecclésiastiques**, la province ecclésiastique en **diocèses**, le diocèse en **cures, la cure en succursales.**

A la tête de la province ecclésiastique est placé un **archevêque**, chargé d'un diocèse, et assisté de plusieurs vicaires généraux ainsi que du chapitre de la cathédrale, lequel est composé de **10 chanoines.**

A la tête des autres diocèses est placé un **évêque**, assisté de plusieurs vicaires généraux ainsi que du chapitre de la cathédrale, lequel est composé de **9 chanoines.**

La cure est administrée par un **curé** et les succursales par des **desservants.**

Les archevêques et les évêques sont nommés par le chef de l'Etat et agréés par le Pape, qui leur donne l'institution canonique.

Les curés sont nommés par l'évêque et agréés par le gouvernement ; ils sont inamovibles.

Les desservants sont nommés par l'évêque.

V. DE LA FORCE PUBLIQUE.

147. *A quelle fin la force publique est-elle nécessaire ?*

Elle est nécessaire, soit pour maintenir l'ordre à l'intérieur du pays, soit pour garantir la nation contre les agressions de l'étranger.

148. *De quoi se compose la force publique ?*

Elle se compose de l'armée de terre et de mer, de la gendarmerie, des agents de police, etc.

149. *Quelle est la mission spéciale de l'armée?*

L'armée est spécialement destinée à défendre le pays contre les ennemis du dehors.

150. *Quelle est la mission spéciale de la gendarmerie?*

C'est d'arrêter les malfaiteurs, d'exécuter les mandats et les sentences de la justice, d'empêcher les désordres, etc.

151. *Quel est l'office de la police?*

C'est de maintenir l'ordre dans les rues et sur les places publiques.

152. *Comment se recrute l'armée?*

Au premier janvier, le maire dresse une liste des jeunes gens de sa commune qui, pendant l'année précédente, ont atteint leur vingtième année, et tous, moins ceux que le conseil de révision exempte ou qui sont dans un des cas de dispense prévus par la loi, sont appelés sous les drapeaux dans le courant de l'année.

On appelle **classe** l'ensemble des jeunes gens nés la même année.

Tout Français, à moins d'en être incapable, doit le service militaire personnel, depuis 20 ans jusqu'à 45 ans.

On a cependant conservé le tirage au sort. Les plus faibles numéros indiquent les jeunes gens qui peuvent être appelés à faire partie de l'armée de mer; les plus forts numéros désignent ceux qui, après un an au moins, pourraient être renvoyés dans leurs foyers.

Le conseil de révision examine les jeunes gens et statue sur leurs cas d'exemption ou de dispense. Ses opérations, ainsi que celle du tirage au sort, se font au chef-lieu du canton.

L'armée se recrute aussi par les engagements volontaires.

L'armée se divise en quatre parties :

1° L'armée active,

2° La réserve de l'armée active,

3° L'armée territoriale,

4° La réserve de l'armée territoriale.

Le service de l'armée active est de 3 ans ;

Celui de la réserve de l'armée active, de 10 ans ;

Celui de l'armée territoriale, de 6 ans ;

Celui de la réserve de l'armée territoriale, de 6 ans.

Les années de service militaire sont comptées à partir du 1er novembre de l'année du tirage au sort.

En temps de guerre, le rôle de l'armée active, y compris la réserve, est de marcher à l'ennemi, en France ou à l'étranger ; celui de l'armée territoriale et de sa réserve est de garder les places fortes et de défendre le territoire envahi.

La France, y compris l'Algérie, est divisée aujourd'hui, sous le rapport militaire, en 19 régions. Chaque région est occupée par un corps d'armée, composé de troupes de toutes armes et des services nécessaires pour entrer en campagne [1].

VI. DES CONTRIBUTIONS ET DU BUDGET.

153. Des contributions. — Les routes qui favorisent les communications, la police qui maintient l'ordre, l'armée qui défend la patrie, la flotte qui protège notre commerce et nos colonies, la justice qui nous assure la jouissance de nos droits, les écoles qui donnent l'instruction, les services religieux qui fournissent à l'homme les secours nécessaires pour arriver à sa fin : toutes ces choses, et tant d'autres qu'on pourrait nommer, exigent des dépenses.

Qui doit y subvenir, sinon ceux qui en recueillent les avantages, c'est-à-dire tout le monde? La somme demandée à chacun pour contribuer ainsi aux dépenses publiques du pays et pour payer ses dettes, s'appelle **contribution** ou **impôt**.

154. *Comment divise-t-on les contributions?*

On divise les contributions en deux espèces : les contributions **directes** et les contributions **indirectes**.

155. *Qu'appelle-t-on contributions directes?*

On appelle ainsi celles qui sont imposées directement à tel ou tel individu nommé, pour un objet déterminé.

156. *Quelles sont les contributions directes?*

Elles sont au nombre de quatre [2] :

1° Les contributions foncières;
2° Les contributions personnelles et mobilières;
3° Les contributions des portes et fenêtres;
4° Les contributions des patentes.

157. *Qu'est-ce que les contributions foncières?*

---

1. Les différentes armes qui composent l'armée active sont : l'*infanterie*, la *cavalerie*, l'*artillerie*, le *génie*, le *train des équipages*, etc. (Le *génie* est un corps spécialement chargé de la construction, de la défense et de l'attaque des places fortes.)

2. Pour les contributions directes (sauf les patentes), les Chambres fixent le contingent que chaque département doit fournir à l'Etat ; le Conseil général détermine le contingent de chaque arrondissement, et le Conseil d'arrondissement celui de chaque commune ; une commission spéciale de *répartiteurs* détermine la quote-part de chaque contribuable.

Les contributions directes sont perçues par des *percepteurs ;* ceux-ci versent leurs recettes aux *receveurs particuliers* d'arrondissement, qui les font parvenir au *trésorier-payeur général* du département, pour être ensuite versées au *Trésor.*

Ce sont celles qui atteignent les revenus nets des biens-fonds[1].

158. *Qu'est-ce que la contribution personnelle ?*

C'est une **taxe**, la même pour tous les habitants d'une même commune, que doit payer chaque habitant non-réputé indigent.

159. *En quoi consiste la contribution mobilière ?*

Elle consiste en une **taxe** proportionnelle à la valeur locative de l'habitation de l'individu qui doit la payer.

160. *En quoi consiste la contribution des portes et fenêtres ?*

Elle consiste en une **taxe** à payer pour chaque fenêtre et pour chaque porte donnant accès dans la maison que l'on habite.

161. *Qu'est-ce que la contribution des patentes ?*

C'est celle qui atteint tout Français ou tout étranger qui exerce une industrie, un commerce, une profession[2].

162. *Quand doit-on payer les contributions ?*

On peut les payer par **douzièmes** ; dans ce cas, chaque douzième est exigible, pour le mois écoulé, le premier du mois suivant.

163. Centimes additionnels. Les deux Chambres votent chaque année les **contributions directes** : la somme ainsi votée s'appelle le **principal** de ces contributions. Si une commune manque de ressources, elle peut voter des **centimes additionnels.** Si elle vote, par exemple, 3 centimes, chaque contribuable paiera 3 centimes en plus pour chaque franc de principal. Le Conseil général peut voter des centimes additionnels pour les dépenses du département. Les Chambres peuvent en voter pour celles de l'Etat.

164. *Qu'appelle-t-on contributions* **indirectes** ?

On appelle ainsi les contributions qui n'atteignent le contribuable qu'indirectement, c'est-à-dire parce qu'il consomme une chose ou fait un acte sujet à l'impôt.

---

1. Il y a dans chaque commune un *cadastre*, ou plan des terrains avec indication de la valeur des terrains et des bâtiments, et du revenu net qu'ils sont censés rapporter. (Pour les propriétés non bâties, ce revenu est un revenu fictif, inférieur au revenu réel.) C'est d'après ce revenu *cadastral* que sont établies les contributions foncières.

2. Ne sont pas soumis à la patente les laboureurs, — les commis, les ouvriers travaillant à gages, — les ouvriers travaillant seuls ou n'ayant avec eux qu'un manœuvre indispensable, — les ouvriers travaillant en chambre avec un seul apprenti âgé de moins de seize ans, etc.

165. *Donnez des exemples de contributions indirectes.*

Telles sont les contributions qui frappent certains objets de consommation (boissons, sucres, sels, etc.) ou les marchandises étrangères introduites en France ; la poste, les télégraphes, le timbre, l'enregistrement, etc. [1].

166. *Qu'est-ce que le budget de l'Etat ?*

Le **budget** est le tableau des recettes et des dépenses annuelles que fait l'Etat.

167. *Par qui est préparé le budget ?*

Le ministre des Finances seul dresse le tableau des recettes. Quant aux dépenses, chaque ministre prépare le tableau de celles qu'aura à faire son département et l'envoie au ministre des Finances ; celui-ci réunit ces tableaux et forme ainsi l'ensemble du budget de l'Etat.

168. *Quel est le rôle des Chambres à l'égard du budget ?*

C'est de le discuter et de le voter sous le nom de **loi de finances.**

169. *Par qui sont vérifiés les comptes des recettes et des dépenses de l'Etat ?*

Ce contrôle se fait par la **Cour des comptes**, chargée de vérifier, avec les pièces à l'appui, tous les comptes des fonctionnaires publics, y compris les ministres.

CHAPITRE VII.

Du domaine de l'Etat.

170. *Comment se divise le domaine de l'Etat ?*

Il se divise en domaine **public**, comprenant les biens qui sont à l'usage de tout le monde, et domaine **privé**, se composant des biens dont l'Etat jouit à la manière d'une personne.

---

1. L'Etat s'est réservé le monopole, c'est-à-dire le droit exclusif de fabrication et de vente de certains produits (tabac, allumettes, poudre, cartes à jouer). — L'administration des *douanes* perçoit à la frontière des droits d'entrée sur les marchandises étrangères.

On appelle *octroi* des droits d'entrée que les communes de 4,000 âmes sont autorisées à lever à leur profit sur certaines denrées ou marchandises.

171. *Faites connaître quelques biens du domaine public.*

En voici quelques-uns : les routes nationales, les fleuves, les rivières, etc.

172. *Qui est chargé de surveiller et de conserver ces biens ?*

La loi a placé sous l'autorité de chaque ministre la partie du domaine public comprise dans son département ou son administration. Ainsi, c'est du ministre des **Travaux publics** que relèvent les voies de communication ; c'est à celui de la **guerre** de prendre soin des remparts et des fortifications, etc.

173. *Faites connaître quelques biens nationaux du domaine privé.*

Les biens du domaine privé sont les forêts, les palais, les établissements, les édifices, etc., qui appartiennent à la nation.

174. *Par qui sont administrés les biens du domaine privé?*

Par l'administration de l'**enregistrement, des domaines et du timbre.**

DEVOIRS A FAIRE.

Avertissement. — Revoyez les avis qui précèdent les devoirs indiqués à la page 50.

1° Le citoyen, ses droits; comment s'acquiert la qualité de citoyen français? (12 lignes). Nos 4 à 7.

2° Montrez la nécessité de l'autorité dans la société, et dites d'où vient l'autorité. (12 lignes). N° 9.

3° Quelles sont les principales formes de gouvernement ? (10 lignes). Nos 10 à 14.

4° Les pouvoirs dans le régime constitutionnel ; quels sont-ils et pourquoi doivent-ils être séparés ? (15 lignes). Nos 16 et 17.

5° Le pouvoir législatif ; les deux Chambres. (15 lignes). Nos 18 à 35.

6° Comment se font les lois ? Quels sont les caractères d'une bonne loi ? (15 lignes). Nos 36 à 40.

7° Peut-on se soumettre aux lois illégitimes ? Le droit de révolte existe-t-il ? (12 lignes). Nos 42 à 47.

8° Que doit-on faire pour être inscrit sur les listes électorales ? (10 lignes). Nos 50 et 51.

9° La loi française assure-t-elle le secret du vote ? (12 lignes). N° 52.

10° Pour qui doit-on voter ? Est-ce un devoir d'aller voter ? (10 lignes). Nos 53 et 54.

11° Expliquez les opérations dont se compose une élection. (15 lignes). Nos 56 à 63.

12° Dites comment est organisé en France le pouvoir exécutif. (15 lignes). Nos 64 à 78.

13° Comment le département est-il administré ? (12 lignes). N°s 85 à 98.

14° Comment l'arrondissement est-il administré ? (10 lignes). N°s 99 à 103.

15° Comment la commune est-elle administrée ? (15 lignes). N°s 105 à 120.

16° Qu'est-ce que la décentralisation ? Nommez des pays où elle existe, et dites les avantages qu'elle procure. (15 lignes). N° 121.

17° Qu'est-ce que la centralisation et quels en sont les inconvénients ? (15 lignes). N° 122.

18° Comment l'administration de la justice est-elle organisée en France ? (15 lignes). N°s 125 à 136.

19° Comment l'instruction publique est-elle organisée en France ? (15 lignes). N°s 137 à 142.

20° Comment le service du culte est-il organisé en France ? (15 lignes). N°s 143 à 146.

21° Comment l'armée française est-elle composée et recrutée ? (15 lignes). N°s 147 à 152.

22° Quelles contributions paient les Français ? (15 lignes). N°s 153 à 170.

TROISIÈME PARTIE.

NOTIONS ÉLÉMENTAIRES D'ÉCONOMIE POLITIQUE.

CHAPITRE I.

Notions générales.

1. *Qu'est-ce que l'économie politique ?*

L'économie politique est la science qui étudie la **production**, la **circulation**, la **distribution** et la **consommation** de la richesse.

2. *Qu'appelle-t-on ici richesse ?*

On appelle ainsi tout ce qui est propre ou peut devenir propre à satisfaire les besoins de l'homme.

3. *Combien distingue-t-on de sortes de richesses ?*

On en distingue de deux sortes : les richesses **naturelles** et les richesses **artificielles** ou **produites**, qu'on appelle encore simplement les **produits**.

4. *Qu'appelle-t-on richesses naturelles ?*

On appelle ainsi les richesses telles que Dieu les met à la disposition de l'homme : la terre, les plantes, les animaux, etc.

5. *Qu'appelle-t-on richesses artificielles ou produits ?*

On appelle ainsi les richesses naturelles transformées par l'homme pour les rendre propres à satisfaire ses besoins : le pain, le vin, les étoffes, etc.

Parmi les richesses naturelles, les unes, comme l'air, l'eau, la lumière, certains fruits, etc., sont déjà utiles dans leur état naturel ; mais elles sont encore susceptibles de devenir plus utiles.

D'autres, en plus grand nombre, comme les pierres dans la carrière, les minerais, la houille, etc., au sein de la terre, sont inutiles en leur état naturel, mais on peut les rendre utiles.

Certaines richesses naturelles subissent plusieurs transformations successives, et acquièrent ainsi divers degrés d'utilité. Ainsi, avec le coton, on fait successivement du fil, du tissu blanc, du tissu peint, des vêtements, etc.

L'accroissement d'utilité et de valeur que donnent à une matière ses transformations successives, est quelquefois prodigieux. Ainsi, d'un demi-kilogramme de fer, qui ne coûte que quelques centimes, on peut faire de l'acier, de cet acier on peut fabriquer jusqu'à 80.000 petits ressorts de montre, ayant chacun une valeur de 1 fr. 50 à 2 fr., ce qui donne pour plus de **cent mille** francs en marchandises.

6. *Combien peut-on distinguer de sortes de besoins de l'homme dans l'ordre naturel ?*

On en peut distinguer de deux sortes : les besoins **légitimes**, inhérents à notre nature, et les besoins **factices**, nés de la recherche déréglée des jouissances.

Les besoins légitimes ont pour objet la conservation de l'homme, le développement et le perfectionnement de ses facultés, l'embellissement de la vie.

Il est **nécessaire** d'être vêtu, abrité ; il est **utile** d'être bien vêtu, bien logé ; il est **superflu** d'être vêtu et logé avec luxe.

Les besoins **factices** naissent de désirs que l'homme devrait s'habituer à réprimer : l'appétit dévorant du glouton, la soif toujours allumée de l'ivrogne, sont des besoins factices condamnés par l'économie politique aussi bien que par la morale.

CHAPITRE II.

De la production de la richesse.

I. DE LA MATIÈRE.

7. *Qu'est-ce que produire la richesse ?*

Produire la richesse, pour l'homme, c'est rendre utile ou plus utile, par son travail, une matière qui n'était pas utile ou qui l'était moins.

Ainsi, la base ou les deux grands agents de la production de la richesse sont : la **matière** que DIEU a créée, et le **travail** de l'homme pour transformer cette matière.

8. *Qu'appelle-t-on* **matière première ?**

On appelle ainsi toute matière destinée à subir une modification, une transformation en vue de la rendre utile ou plus utile.

Une matière première peut être une chose telle qu'on la trouve dans la nature; les minerais, la terre, l'eau, etc. Ce peut être aussi une chose ayant déjà subi une ou plusieurs transformations successives. Dans ce dernier cas, une matière, dans le même état, est considérée comme un **produit** par celui qui vient de l'obtenir, et comme une **matière première** par celui qui doit la transformer de nouveau. Ainsi le blé est un **produit** pour l'agriculteur et une **matière première** pour le meunier chargé de le moudre; la farine est un **produit** pour le meunier, et une **matière première** pour le boulanger, etc.

9. *Qu'est-ce que rendre utile une matière première?*

C'est la rendre apte ou propre à servir aux besoins de l'homme.

10. *Que fait l'homme pour rendre utile ou plus utile une matière?*

Par son travail, il la modifie, il la transforme. Ainsi le fer, dans la mine, est inutile; mais, après qu'il a été extrait, fondu et forgé, il sert à une foule d'usages.

II. DU TRAVAIL.

11. *Qu'entend-on, en économie politique, par le travail de l'homme?*

On désigne ainsi l'effort de ses facultés appliquées à la production de la richesse.

12. *Faites connaître quelques auxiliaires de l'homme dans le travail de transformation de la matière.*

On peut en distinguer de deux sortes:

1° Les agents **naturels**, comme la terre, l'eau, la chaleur, la pesanteur, etc.;

2° Les agents **artificiels**, comme les instruments et les machines.

Le génie de l'homme s'empare des forces de la nature pour suppléer à l'insuffisance des siennes ou de son travail.

13. *Faites connaître les principales espèces de travaux de l'homme.*

Les travaux de l'homme, suivant leur objet, peuvent se diviser en travaux **agricoles**, en travaux **extractifs**, en travaux **industriels**, en travaux **commerciaux**, etc.

14. *Quel est l'objet du travail agricole?*

C'est d'obtenir du sol, par la culture, tout ce qu'il peut donner à l'homme pour sa nourriture, son vêtement, son logement, etc. Ce travail a aussi pour objet l'élevage des animaux.

15. *Quel est l'objet du travail extractif?*

C'est d'extraire, de tirer du sein de la terre les métaux, les combustibles, etc., qui y sont en dépôt.

16. *Quel est l'objet du travail industriel?*

C'est d'approprier aux besoins de l'homme, en les modifiant, en les transformant, les nombreux produits de l'agriculture et de l'extraction.

17. *Quel est l'objet du commerce?*

C'est d'échanger les produits et de les faire arriver partout, suivant les besoins, afin que nulle part on ne soit privé du nécessaire, et que partout s'exerce l'activité humaine pour mettre à profit les dons de la Providence.

Le commerce peut être considéré comme une industrie d'un genre spécial, parce qu'il permet la mise en valeur de certaines richesses qui, sans lui, resteraient inutiles. Par exemple, qu'est-ce qu'une provision de caoutchouc dans une forêt du Sénégal ? C'est une provision de matière sans valeur, puisqu'elle ne sert à personne. Mais le commerce transporte cette matière en Europe, et aussitôt elle est demandée par une foule d'industriels qui n'hésitent pas à la payer à un prix élevé, parce qu'ils peuvent lui donner mille emplois rémunérateurs.

18. *Un seul ouvrier suffit-il pour obtenir un produit?*

Non, le plus souvent ; c'est pourquoi il a fallu aussi diviser ou partager les travaux nécessaires pour obtenir un même produit.

Ainsi, un morceau de pain demande un **boulanger** pour le cuire, un **meunier** pour moudre le grain qui donne la farine, un **cultivateur** pour produire le grain, un **menuisier** pour fabriquer le pétrin où l'on fait la pâte, un **maçon** pour construire le four où se cuit le pain, un **forgeron** pour faire les outils du maçon et du menuisier, un **mécanicien** pour arranger le moulin, etc. La liste de tous les genres de travaux qui doivent concourir à la production d'un morceau de pain, serait interminable. Un homme seul ne saurait suffire à tous ces travaux.

La fabrication d'une épingle rend nécessaire une **quinzaine** d'opérations différentes. Si un homme seul en était chargé, il lui serait impossible de gagner sa vie par son travail ; tandis que **quinze** ouvriers, chargés chacun d'une seule de ces opérations, fabriquent trois mille épingles pour un franc.

19. *La division du travail est-elle nécessaire?*

Oui, parce que nul homme ne peut produire tout ce qui

lui est nécessaire. Les hommes ont besoin les uns des autres ; c'est pourquoi ils vivent en société, et se partagent ou se divisent la production des choses utiles.

Ainsi, les uns s'occupent seulement de la production des aliments, d'autres de la production des vêtements, etc.

La **division du travail** a de grands avantages :

1° Elle économise le temps. En changeant à chaque instant d'ouvrage, on perd le temps ;

2° Elle permet de mieux employer chacun selon ses aptitudes ;

3° Elle favorise le perfectionnement de l'ouvrier, en le laissant toujours au même travail ;

4° Elle contribue à resserrer les liens sociaux par les services que les hommes se rendent les uns aux autres.

Mais ces avantages sont contre-balancés par les graves inconvénients d'asservir l'homme à un travail unique, d'immobiliser ses aptitudes et de faire de lui, en quelque sorte, un agent mécanique.

La division du travail a pour conséquence, dans bien des cas, l'intervention d'un **patron** ou **entrepreneur**.

20. *Qu'est-ce qu'un entrepreneur?*

C'est un homme qui forme un établissement dans le but de fabriquer une espèce de produit au moyen d'ouvriers d'aptitudes diverses.

Ainsi, pour revenir à l'exemple qui vient de nous occuper, un fabricant d'épingles forme un établissement où il appelle, moyennant un salaire convenu, les ouvriers nécessaires à chacune des opérations de la fabrication. Ces ouvriers tous ensemble produisent rapidement et à bon compte l'article commercial dont il s'agit.

Mais, pour devenir entrepreneur, il y a une condition, c'est d'avoir un capital disponible.

III. DU CAPITAL.

21. *Qu'appelle-t-on capital ?*

On appelle ainsi un ensemble de valeurs ou de produits acquis.

22. *Comment peut-on diviser le capital employé dans une entreprise ?*

On peut le diviser en deux parties :

1° Le capital **engagé**, représenté par les bâtiments et le mobilier qui servent à la production ;

2° Le capital **roulant**, qui consiste dans les sommes nécessaires pour acheter les matières premières, payer les ouvriers et faire les avances demandées. Cette partie du capital rentre par la vente des produits ; elle est mise de nouveau en circulation par des achats.

Les bâtiments ont besoin d'entretien; les instruments, les machines et autres objets, demandent à être réparés ou remplacés. Ce sont là des dépenses qui s'imposent et qu'on doit prévoir en administrant.

IV. DE L'ÉPARGNE.

23. *Quel est le moyen de former des capitaux?*

C'est de faire des épargnes.

24. *Qu'est-ce que faire des épargnes?*

C'est régler ses dépenses d'après ses ressources et conserver, pour des besoins à venir ou pour une production plus grande, ce qui n'est point nécessaire dans le présent.

L'homme qui ne songe qu'à jouir dans le moment, sans penser au lendemain, se prépare des jours de tristesse et de privations. Il ressemble à ces sauvages du Paraguay à qui les missionnaires avaient donné un commencement de civilisation, et qui, livrés à eux-mêmes, tuaient leurs bœufs de labourage et en cuisaient la chair avec les débris de leurs charrues.

V. DE LA NÉCESSITÉ DE LA PROPRIÉTÉ.

25. *Quelle est la condition nécessaire pour que les capitaux se forment?*

C'est le droit de propriété. Si l'homme fait des épargnes, c'est parce qu'il se promet d'en jouir plus tard, et d'en faire jouir ceux qu'il aime, ou une œuvre qui lui est chère. La perspective de se voir dépouiller de ses économies, le détournerait d'en faire.

Sans la propriété, point de capitaux ; sans capitaux, point d'aisance, ni de bienfaisance, mais disette et privation partout et pour tous.

(Sur la propriété, relisez les nos 199, 200 et 201, page 44.)

CHAPITRE III.

De la circulation de la richesse.

I. DE LA CIRCULATION EN GÉNÉRAL.

26. *En quoi doit consister la circulation de la richesse?*

Elle doit consister dans le passage équitable de la richesse de main en main parmi les hommes.

27. *De quoi la circulation de la richesse est-elle la conséquence?*

De la division de la production. Un homme ne donne par son travail qu'un ou deux produits, tandis qu'il lui en faut un grand nombre pour sa consommation; il est donc obligé de recourir aux autres pour obtenir ce qui est nécessaire à ses besoins.

28. *Comment se fait la circulation de la richesse?*

Elle se fait par l'échange.

II. DE L'ÉCHANGE.

29. *En quoi consiste l'échange?*

Il consiste à donner une chose contre une autre de même valeur.

30. *Qu'est-ce qui fait la valeur des choses?*

En général, ce qui fait la valeur des choses, c'est leur utilité.

Mais la valeur des choses est relative; elle varie suivant les temps et les lieux; elle dépend surtout des offres et des demandes qu'on en fait.

III. DE LA MONNAIE.

31. *A quoi a-t-on eu recours pour faciliter les échanges?*

On a eu recours d'abord à la **monnaie**, qu'on peut considérer comme l'agent principal de la circulation des richesses; puis au **crédit**, qui est l'âme des grandes affaires et les féconde en leur procurant des capitaux.

L'échange des produits en nature serait très difficile et quelquefois même impossible, soit à cause de la grande disproportion entre les valeurs des objets, soit à cause de la longue distance où il faudrait les transporter, soit pour d'autres motifs.

Pour faciliter les échanges, on a inventé la monnaie, qui sert d'équivalent à tous les produits, et se transmet aisément de main en main. Plus tard, on a eu recours au papier-monnaie (**billets de banque, billets à ordre, traites, chèques**), qui rend les transactions plus faciles et plus rapides.

Il faut distinguer dans la monnaie la valeur intrinsèque, qui est celle de l'or, de l'argent ou du bronze dont la monnaie est faite, et la valeur représentative, qui est indiquée sur la pièce de monnaie par une inscription qui dit : 20 francs, 5 francs, 2 francs, 10 centimes, etc... La valeur intrinsèque de la monnaie d'or est égale à sa valeur représentative : dans une pièce de 20 francs en or, il y a de l'or pour 20 francs ; au contraire, la valeur intrinsèque de l'argent n'est que la moitié de sa valeur représentative : une pièce de 5 frs en argent ne vaut réellement que 2 francs 50.

IV. DU CRÉDIT.

32. *Qu'est-ce que le crédit ?*

C'est un acte par lequel un capitaliste, confiant en un emprunteur, lui fait des avances ou lui prête des capitaux, sur la promesse de remboursement et de payement des intérêts.

33. *Quels sont les avantages du crédit ?*

Ils sont nombreux et considérables ; nous en signalerons seulement trois :

1° Il permet de rendre productifs des capitaux qui, sans le crédit, resteraient forcément stériles.

Un ouvrier a des épargnes ; un commerçant, un industriel, un agriculteur a plus d'argent qu'il ne lui en faut comme capital roulant (revoyez le n° 22) ; un professeur, un fonctionnaire, un rentier, a des fonds qu'il ne peut pas faire fructifier lui-même ; au lieu de laisser leurs capitaux improductifs, tous ces gens-là peuvent les confier à des sociétés ou à des individus qui s'en serviront pour des entreprises fructueuses et en paieront les intérêts.

2° Il encourage à faire des épargnes.

L'argent épargné et placé comme il faut, travaille pour son maître. Voilà, par exemple, un ouvrier qui épargne 250 francs par an, et qui a pu placer 1000 francs à 4 % ; au bout de l'année, son épargne est de 250 francs, plus 40 francs, c'est-à-dire de 290 francs.

3° Il favorise les entreprises.

Le crédit permet de réunir les capitaux nécessaires à des entreprises très avantageuses (le percement de l'isthme de Suez, par exemple), mais dont les frais dépasseraient les ressources d'un capitaliste ordinaire.

La mort du crédit serait aussi la mort de l'industrie.

34. *Quelles sont les conditions du crédit?*

Ce sont d'abord la moralité, la capacité, et l'énergie ou l'activité de l'emprunteur; ensuite les garanties offertes par ses biens.

Les plus habiles, les mieux intentionnés, peuvent échouer dans une entreprise. C'est pourquoi, souvent les prêteurs ne s'en rapportent pas entièrement à la probité des emprunteurs et exigent, pour garantie de remboursement, ou des hypothèques, ou des cautionnements.

Les gens qui ont des économies les confient parfois à des entreprises hasardeuses pour lesquelles on promet de gros bénéfices: telles sont l'exploitation d'une mine en pays lointain, ou la mise en valeur de terrains jusqu'à présent incultes et inhabités. Ceux qui lancent ces affaires promettent des gains de 10, de 15, de 20 °/ₒ et même davantage; l'argent afflue, l'entreprise commence, les premiers intérêts dus sont payés, les seconds se font attendre, et, au bout de quelque temps, les capitaux eux-mêmes sont perdus. La prudence veut qu'on se contente de gains modestes, mais sûrs.

CHAPITRE IV.

De la distribution de la richesse.

I. DE LA DISTRIBUTION EN GÉNÉRAL.

35. *Qu'appelle-t-on distribution de la richesse?*

On appelle ainsi le mode suivant lequel ceux qui ont contribué à la production de la richesse se la partagent.

36. *Quelles sont les principales espèces d'agents ou facteurs de la production de la richesse?*

On peut les réduire à trois espèces, désignées chacune par le nom du plus important de ses agents : **la terre**, le **capital** et le **travail.**

La rémunération de la **terre** s'appelle **fermage, rente foncière**, etc.; celle du **capital** s'appelle **intérêt, loyer**, etc.; et celle du **travail, salaire.**

Il faut remarquer que les rémunérations dont on vient de parler sont toutes le fruit du travail, mais avec cette différence, que le **fermage** et **l'intérêt** proviennent d'un travail antérieur, qui ordinairement a été d'une longue durée, tandis que le **salaire** rémunère un travail tout récent.

II. DU FERMAGE D'UN CHAMP.

37. *Faites une application de ce qui vient d'être dit, par exemple, à un champ donné à ferme.*

Sans le travail de l'homme, la terre ne produit que des ronces et des épines. Si donc le champ que son propriétaire donne à ferme, est fertile; c'est que, par le passé, il a été défriché, desséché, amendé, labouré, etc. La récolte qu'il donne maintenant, n'est donc pas seulement le fruit du travail du cultivateur actuel, mais encore celui d'une culture antérieure qui a duré peut-être plusieurs siècles. Il est donc de toute justice que le propriétaire du champ, à qui reviennent les fruits de ce travail du passé, ait part à la récolte du champ ou reçoive le fermage.

Il est prouvé que le produit qui reste au fermier, après avoir fait la part du propriétaire, est de beaucoup supérieur, en **quantité** et en **qualité**, à celui qu'il aurait obtenu, pour lui seul, en travaillant une terre inculte.

III. DE L'INTÉRÊT DU CAPITAL.

38. *Justifiez le droit du capitaliste à une partie du fruit de son capital prêté, c'est-à-dire à un intérêt.*

1° En prêtant son argent, le capitaliste se dessaisit du fruit de son travail, ou du travail de celui dont il a été l'héritier; il se prive de la faculté de faire soi-même des entreprises avec cet argent, et le met à la disposition de l'emprunteur pour que celui-ci en jouisse, et en tire tel profit qu'il pourra. En se dessaisissant ainsi de son argent, le capitaliste s'expose aussi à le perdre. Il y a donc, pour lui, en même temps, jouissance ou profit cessant et dommage naissant, ce qui constitue en sa faveur un double droit à une part du fruit que donne le capital, c'est-à-dire à un **intérêt**.

2° Si le capital est représenté par des bâtiments, des machines, un mobilier, etc., choses qui se détériorent et s'usent chaque jour, il y a aussi, pour le capitaliste qui en cède la jouissance et l'exploitation, jouissance ou profit cessant et dommage naissant, ce qui constitue en sa faveur un droit à une juste rémunération qui le dédommage.

IV. DU SALAIRE DU TRAVAIL.

39. *Qu'est-ce que le salaire?*

C'est la rémunération équitable et convenue d'avance

que l'ouvrier reçoit pour son travail, et qui est indépendante du profit ou de la perte que donne l'entreprise.

L'ouvrier est sûr de son salaire, tandis que le patron qui l'emploie, peut aussi bien perdre que gagner. Les risques encourus par le patron lui donnent, toutes proportions gardées, un droit légitime à la chance d'un profit plus grand que celui de l'ouvrier, qui n'expose rien.

Le salaire de l'ouvrier peut se diviser en deux parties : l'une représentant son entretien (aliments, vêtements et logement)[1] ; l'autre, son gain. La première ne saurait guère varier d'ouvrier à ouvrier, dans une même localité ; tandis que la seconde est susceptible de hausses et de baisses sensibles, suivant l'habileté et la force de l'ouvrier, son genre d'occupation, etc.

CHAPITRE V.

De la consommation de la richesse.

40. *Qu'appelle-t-on consommation de la richesse ?*

On appelle ainsi l'usage, l'emploi que l'on fait de la richesse.

41. *Combien distingue-t-on de sortes de consommations de la richesse ?*

On en distingue deux sortes : les consommations **reproductives** et les consommations **improductives**.

42. *Qu'entend-on par les consommations reproductives ?*

On entend par là les consommations par lesquelles on use un produit pour en obtenir un autre d'une valeur plus grande.

43. *Donnez des exemples.*

1° Les aliments que prend l'homme entretiennent la vie, réparent les forces et souvent les développent. Or la conservation de la vie et des forces est un bien préférable aux aliments.

2° Les engrais que l'on met dans un champ se transforment en moissons. Or les moissons ont une valeur plus grande que les engrais.

44. *Quand la consommation est-elle improductive ?*

La consommation est improductive lorsqu'elle ne

---

1. D'où il faut conclure que priver un ouvrier de son salaire, ce serait en quelque sorte attenter à sa vie.

donne pas lieu à un produit nouveau d'une valeur plus grande.

45. *Donnez des exemples.*

1° Les consommations qui ont pour but de satisfaire des besoins purement factices, sont improductives au premier chef; car celui qui les fait, se nuit, amoindrit ses facultés, diminue son aptitude à contribuer à la production de la richesse par le travail manuel ou par le travail intellectuel.

2° Les dépenses faites pour faire marcher une usine qui ne rapporte pas ce qu'elle coûte, sont improductives.

46. *Quels sont les effets des consommations improductives?*

C'est de diminuer la richesse, de préparer la ruine et d'amener la misère.

Les dépenses faites pour favoriser la culture et l'ornement de l'esprit, pour encourager les lettres et les arts, qui développent le goût du beau, élèvent l'âme et grandissent l'homme; celles qui sont inspirées par le dévouement, par la religion, par la charité, et qui contribuent à rendre l'homme meilleur, sont au premier rang des consommations reproductives, pourvu que la prudence y préside.

Au contraire, les dépenses qui ont pour objet de satisfaire la vanité, la sensualité et les autres mauvaises passions de l'homme, sont toutes improductives, en même temps que coupables.

DEVOIRS A FAIRE.

Avertissement. — Revoyez les avis qui précèdent les devoirs indiqués à la page 50.

1° Qu'est-ce que l'économie politique, et que signifie en économie politique le terme de *richesse*? (10 lignes.) N°s 1 à 6.

2° La matière et le travail. (15 lignes.) N°s 7 à 21.

3° Le capital et l'épargne. (12 lignes.) N°s 21 à 25.

4° La circulation et l'échange. (12 lignes.) N°s 26 à 31.

5° La monnaie, son utilité, valeur intrinsèque et valeur représentative. (12 lignes.) N° 31.

6° Le crédit. (15 lignes.) N°s 32 et 35.

7° Etablir le droit du propriétaire d'un champ au fermage de ce champ. (12 lignes.) N° 37.

8° Etablir le droit du capitaliste aux intérêts de son capital. (12 lignes.) N° 38.

9° Dire ce qu'on appelle salaire de l'ouvrier; obligation de l'acquitter régulièrement. (12 lignes.) N° 39.

10° Dire en quoi consiste la consommation de la richesse, quelles sont les consommations reproductives et les consommations improductives. (12 lignes.) N°s 40 à 46.

QUATRIÈME PARTIE [1].

NOTIONS ÉLÉMENTAIRES DE DROIT USUEL.

CHAPITRE PREMIER.

De la minorité.

I. DES ENFANTS MINEURS ET DE LEURS TUTEURS.

1. *Qu'appelle-t-on enfants mineurs ?*

On appelle ainsi les enfants qui n'ont pas, aux yeux de la loi, l'âge requis (21 ans accomplis) pour être reconnus capables de gérer leurs affaires. Les mineurs sont soumis à l'autorité de leurs parents, qui en sont responsables.

2. *Qu'exige la loi pour la protection des enfants mineurs, quand le père ou la mère vient à mourir ?*

La loi exige alors que les mineurs aient un tuteur, et que la tutelle appartienne au dernier survivant des père et mère.

Le père peut, avant de mourir, nommer à la mère survivante et tutrice, un conseil spécial, sans l'avis duquel elle ne pourra faire aucun acte relatif à la tutelle.

3. *A qui la loi défère-t-elle la tutelle des enfants mineurs après la mort du père et de la mère ?*

Le dernier mourant des père et mère peut choisir un tuteur aux enfants mineurs. A défaut de ce choix, la tutelle appartient à leur aïeul paternel ; puis, si celui-ci

---

1. Cette quatrième partie est extraite presque tout entière du Code civil. (On appelle *code* un ensemble de dispositions légales relatives à une matière spéciale.) On distingue le Code *civil*, le Code de *procédure civile*, le Code d'*instruction criminelle*, le Code *pénal*. (Il y a de plus les codes spéciaux : de commerce, rural, forestier, de justice militaire.)

n'existe plus, à leur aïeul maternel. Quand il n'y a plus d'ascendants, le conseil de famille nomme le tuteur.

4. *Quelle garantie prend la loi à l'égard de l'administration du tuteur ?*

Elle exige que le conseil de famille nomme un subrogé tuteur, chargé d'agir dans les intérêts du mineur lorsqu'ils sont en opposition avec ceux du tuteur.

Le subrogé tuteur est choisi dans la parenté maternelle si le tuteur est de la parenté paternelle, et réciproquement.

5. *Quelles sont les obligations du tuteur ?*

Le tuteur doit prendre soin de la personne du mineur et le représenter dans tous les actes civils. Il est chargé d'administrer, en bon père de famille, ses biens dont il a dû faire, lorsqu'il en a pris l'administration, un inventaire en présence du subrogé tuteur. Il ne peut dépasser, pour la dépense annuelle du mineur, la somme fixée par le conseil de famille, et répond des dommages-intérêts qui pourraient résulter d'une mauvaise gestion. Il rend compte de sa gestion à son pupille devenu majeur.

II. DU CONSEIL DE FAMILLE.

6. *Comment se compose le conseil de famille ?*

Il se compose de six personnes choisies parmi les plus proches parents ou alliés du mineur, habitant dans la commune ou à une distance maximum de 20 kilomètres. Trois des conseillers sont pris dans la parenté paternelle et les trois autres dans la parenté maternelle.

7. *Qui doit présider la réunion du conseil de famille ?*

C'est le juge de paix, qui y a voix délibérative et prépondérante.

8. *De quoi est chargé le conseil de famille ?*

Le conseil de famille est chargé de nommer le subrogé tuteur, et, dans certains cas, le tuteur lui-même. Il peut prononcer la destitution de ce dernier et autoriser certains actes utiles aux intérêts du mineur.

III. DE LA MAJORITÉ.

9. *Qu'est-ce que la majorité ?*

C'est l'état civil d'une personne qui a l'âge où l'on est supposé avoir atteint la maturité d'esprit, de jugement et de caractère pour diriger soi-même ses propres affaires. La loi française a fixé cet âge à 21 ans révolus.

10. *Comment doit se comporter le jeune homme devenu majeur et qui a encore ses parents ?*

S'il est sensé, il se garde de profiter de la loi humaine pour se rendre indépendant, en s'affranchissant du respect et de la soumission qu'en vertu de la loi naturelle il doit à ses parents. Craignant avec raison les dangers de la responsabilité qui commence à peser sur lui, il reste à l'école de leur expérience et s'habitue peu à peu, sous leur conduite, à traiter prudemment et consciencieusement les affaires [1].

CHAPITRE II.

Des biens et de la propriété.

I. DES BIENS.

11. Tous les biens sont **meubles** ou **immeubles**.

Les biens **immeubles** sont ceux qui ne peuvent être transportés d'un lieu à un autre (Ex. : un fonds de terre, une maison, une récolte qui n'est pas encore coupée ou arrachée, les fruits des arbres non encore recueillis, etc[2].)

---

1. *Interdiction.* — Le majeur qui est dans un état habituel d'imbécillité, de démence ou de fureur, doit être *interdit* (par le tribunal de première instance) : on lui ôte l'administration de ses biens, on lui nomme un tuteur. L'interdit est assimilé au mineur pour sa personne et pour ses biens. Les condamnés à certaines peines graves sont aussi frappés d'interdiction.

Conseil judiciaire. — Il peut être défendu aux prodigues de plaider, de transiger, d'emprunter, de recevoir un capital mobilier et d'en donner décharge, d'aliéner ni de grever leurs biens d'hypothèques sans l'assistance d'un conseil, qui leur est nommé par le tribunal.

2. Certains objets sont immeubles seulement par destination. Sont immeubles *par destination :*

1° Les objets que le propriétaire d'un fonds y a placés pour le service et l'exploitation de ce fonds. Tels peuvent être les animaux attachés à la culture, les ustensiles aratoires, les pailles et engrais, etc.

2° Les effets mobiliers que le propriétaire a attachés au fonds *à perpétuelle demeure.* Ex. : les objets qui y sont scellés en plâtre, ou à chaux, ou à ciment, etc.

Les biens **meubles** sont ceux qui peuvent se transporter d'un lieu à un autre (animaux, livres, tables, bateaux, matériaux de démolition ou de construction, rentes, actions, obligations, etc.) [1]

12. Tous les biens vacants et sans maître, et ceux des personnes qui décèdent sans héritiers, ou dont les successions sont abandonnées, appartiennent au domaine public.

II. DE LA PROPRIÉTÉ.

13. La **propriété** est le droit de jouir et de disposer des choses de la manière la plus absolue, pourvu qu'on n'en fasse pas un usage prohibé par les lois ou par les règlements.

14. Nul ne peut être contraint de céder sa propriété, si ce n'est pour cause d'utilité publique [2] et moyennant une juste et préalable indemnité.

15. L'**usufruit** est le droit de jouir des choses dont un autre a la propriété [3], comme le propriétaire lui-même, mais à la charge d'en conserver la substance. (On perçoit les fruits et produits de la chose, mais on ne peut la détruire, la vendre.)

16. Celui qui a seulement l'**usage** des fruits d'un fonds, ne peut en exiger qu'autant qu'il lui en faut pour ses besoins et ceux de sa famille ; il ne peut céder ni louer son droit à un autre.

CHAPITRE III.

Des servitudes.

17. Une servitude est une charge imposée sur un héritage pour l'usage et l'utilité d'un autre.

I. DES SERVITUDES QUI DÉRIVENT DE LA SITUATION DES LIEUX.

18. Les fonds inférieurs sont assujettis, envers ceux qui sont plus élevés, à recevoir les eaux qui en découlent naturellement.

19. Le propriétaire dont les fonds sont enclavés et qui n'a

---

1. On appelle *meubles meublants* les meubles destinés à l'usage et à l'ornement des appartements (comme tapisseries, lits, sièges, tables, etc.).

2. On dit alors qu'il y a *expropriation pour cause d'utilité publique.*

3. On dit alors que cette personne a la *nue propriété,* c'est-à-dire la propriété sans l'usufruit. — La séparation de l'usufruit et de la nue propriété n'est jamais que temporaire : l'usufruit s'éteint nécessairement à la mort de l'usufruitier.

aucune issue sur la voie publique, peut réclamer, pour l'exploitation de son héritage, un passage sur les fonds de ses voisins, sauf à les indemniser des dommages causés.

20. Tout propriétaire peut obliger son voisin au bornage de leurs propriétés contiguës. Le bornage se fait à frais communs.

II. DE LA MITOYENNETÉ.

21. Dans les villes et les campagnes, tout mur servant de séparation entre bâtiments, entre cours et jardins, et même entre enclos dans les champs, est présumé mitoyen, s'il n'y a ni titre ni marque contraire.

22. Il y a marque de non-mitoyenneté lorsque la sommité du mur est droite et à plomb de son parement d'un côté, et présente de l'autre un plan incliné ;

Lors encore qu'il n'y a que d'un côté ou un chaperon ou des filets et corbeaux de pierre qui y auraient été mis en bâtissant le mur [1].

Dans ces cas, le mur est censé appartenir exclusivement au propriétaire du côté duquel sont l'égout ou les corbeaux et filets de pierre.

23. La réparation et la reconstruction d'un mur mitoyen sont à la charge de tous ceux qui y ont droit, et proportionnellement au droit de chacun.

24. Cependant tout copropriétaire d'un mur mitoyen qui ne soutient pas un bâtiment lui appartenant, peut se dispenser de contribuer aux réparations et reconstructions en abandonnant son droit de mitoyenneté [2].

25. Tout propriétaire joignant [3] un mur a la faculté d'en acquérir en tout ou en partie la mitoyenneté, en remboursant au propriétaire la moitié de la valeur de ce qu'il veut rendre mitoyen, et la moitié de la valeur du sol sur lequel il est bâti.

---

1. *Chaperon*, couronnement d'un mur en forme de toit. — *Filet*, bordure en saillie en haut d'un mur. — *Egout*, chute et écoulement des eaux. — *Corbeau*, grosse console moins haute que saillante.

2. Tout copropriétaire peut faire bâtir contre un mur mitoyen et y faire placer des poutres ou solives dans toute l'épaisseur du mur (à 54 mill[m] près).

Tout copropriétaire peut faire exhausser le mur mitoyen ; mais il doit payer seul la dépense de l'exhaussement, les réparations d'entretien au-dessus de la hauteur de la clôture commune, et en outre l'indemnité de la charge en raison de l'exhaussement.

Si le mur mitoyen n'est pas en état de supporter l'exhaussement, celui qui veut l'exhausser doit le faire reconstruire en entier à ses frais, et l'excédent d'épaisseur doit se prendre de son côté.

Le voisin qui n'a point contribué à l'exhaussement, peut en acquérir la mitoyenneté en payant la moitié de la dépense qu'il a coûté, et la valeur de la moitié du sol fourni pour l'excédent d'épaisseur, s'il y en a.

3. *Joignant*, c'est-à-dire dont la propriété touche à...

26. Tout propriétaire, dans les villes et les faubourgs, peut contraindre son voisin à contribuer aux constructions et aux réparations de la clôture faisant séparation de leurs maisons, cours ou jardins. La hauteur de la clôture est fixée suivant les règlements et usages du pays. A défaut d'usages et de règlements, tout mur de séparation entre voisins doit avoir au moins 3ᵐ20 de hauteur, y compris le chaperon, dans les villes de 50.000 âmes et au-dessus, et 2ᵐ60 dans les autres.

27. Les fossés entre deux héritages sont présumés mitoyens, s'il n'y a aucun titre ou marque contraire.

28. Lorsque la levée ou le rejet de la terre se trouve seulement d'un côté du fossé, celui-ci est censé appartenir exclusivement au propriétaire du côté où le rejet se trouve.

29. Le fossé mitoyen doit être entretenu à frais communs.

30. La haie qui sépare deux héritages est réputée mitoyenne, à moins qu'il n'y ait qu'un seul des deux héritages en état de clôture.

III. DES PLANTATIONS.

31. Les arbres et les haies ne peuvent être plantés qu'à la distance prescrite par les usages et règlements du pays, ou, à défaut d'usages et de règlements, à une distance de 2 mètres pour les arbres de haute tige, et d'un demi-mètre pour les haies et les autres arbres.

32. Le propriétaire d'un terrain sur lequel avancent les branches des arbres du voisin, peut contraindre celui-ci à couper ces branches. Si ce sont les racines qui avancent sur son héritage, il a le droit de les y couper lui-même.

IV. DES VUES SUR LES PROPRIÉTÉS DE SON VOISIN.

33. L'un des voisins ne peut, sans le consentement de l'autre, pratiquer dans le mur mitoyen aucune fenêtre ou ouverture, en quelque manière que ce soit, même à verre dormant [1].

34. Le propriétaire d'un mur non mitoyen, joignant immédiatement l'héritage d'autrui, peut pratiquer dans ce mur des jours ou fenêtres à fer maillé [2] et verre dormant. Ces fenêtres doivent être garnies d'un treillis de fer dont les mailles auront un décimètre d'ouverture au plus et d'un châssis à verre dormant.

35. Ces fenêtres ou jours ne peuvent être établis qu'à 2ᵐ60 au-dessus du plancher ou sol de la chambre qu'on veut éclairer, si c'est au rez-de-chaussée, et à 1ᵐ90 au-dessus du plancher pour les étages supérieurs.

---

1. *A verre dormant*, c'est-à-dire qui ne s'ouvre pas.

2. *Fer maillé*, treillis de fer.

36. On ne peut avoir des vues droites ou fenêtres d'aspect, ni balcons ou autres semblables saillies sur l'héritage clos ou non clos de son voisin, s'il n'y a 1m90 de distance entre le mur où on les pratique et ledit héritage.

37. La distance dont il est parlé dans les deux articles précédents, se compte depuis le parement extérieur du mur où l'ouverture se fait, et, s'il y a balcons ou autres semblables saillies, depuis leur ligne extérieure jusqu'à la ligne de séparation des deux propriétés.

V. DE L'ÉGOUT DES TOITS.

38. Tout propriétaire doit établir des toits de manière que les eaux pluviales s'écoulent sur son terrain ou sur la voie publique ; il ne peut les faire verser sur le fonds de son voisin.

CHAPITRE IV.

Des successions. — De la donation entre vifs ou par testament.

I. DES DIFFÉRENTES MANIÈRES DONT ON ACQUIERT LA PROPRIÉTÉ.

39. La propriété des biens s'acquiert et se transmet : 1° par **succession** ; 2° par **donation entre vifs** ou **testamentaire** ; 3° par les **contrats.**

La propriété s'acquiert aussi : 4° par **accession** [1] et 5° par **prescription.**

II. DES SUCCESSIONS.

40. La succession s'ouvre au jour du décès. Les héritiers sont d'abord les **descendants** (fils, petits-fils) [2] ; à défaut de descendants,

---

1. La propriété d'une chose donne droit sur tout ce qu'elle produit et sur tout ce qui s'y unit accessoirement, soit naturellement, soit artificiellement. (Ex. : récoltes et fruits d'un terrain, accroissement d'un troupeau, alluvions, etc.) Ce droit s'appelle *droit d'accession.*
Voir en outre, page 44 : *Occupation, droit du premier occupant.*

2. *Exemple* : 1° Louis laisse, en mourant, 30.000 fr. ; il a trois enfants, Paul, Jeanne et Léon ; chacun d'eux recevra 10.000 francs. 2° L'un des trois, Paul, est mort laissant deux fils ; ces deux fils *représentent* leur père et recevront ensemble 10.000 fr. 3° Paul, Jeanne et Léon sont morts, laissant le 1er deux enfants, la 2e un, le 3e quatre ; les deux fils de Paul *représentent* leur père et auront ensemble 10.000 fr. ; le fils de Jeanne *représente* sa mère et aura à lui seul 10.000 fr. ; les quatre enfants de Léon *représentent* leur père et ils ne recevront ensemble que 10.000 fr.

ce sont le **père** et la **mère** en concours avec les **frères** et **sœurs** (ou leurs descendants, c'est-à-dire les neveux)[1] ; à leur défaut, ce sont les **ascendants** et les **autres parents** jusqu'au douzième degré[2].

Les fils succèdent par portions égales[3].

41. Est-on appelé à recueillir une succession, on peut : 1° l'accepter **purement et simplement** ; 2° y renoncer ; 3° l'accepter **sous bénéfice d'inventaire.** (La déclaration qu'on y renonce ou qu'on accepte sous bénéfice d'inventaire se fait au greffe du tribunal de première instance. Elle peut se faire par **procuration.**)

42. Dans le premier cas, on est tenu de payer toutes les dettes. Dans le 2°, on n'est tenu par aucune dette. Dans le 3°, on fait faire par un notaire un inventaire exact des biens de la succession, et on n'est tenu au paiement des dettes que jusqu'à concurrence de la valeur des biens recueillis. L'héritier bénéficiaire peut même se décharger du paiement des dettes en abandonnant tous les biens de la succession aux créanciers et aux légataires ; il conserve le droit de réclamer le paiement de ses propres créances[4].

43. On a à payer des droits de **succession,** d'autant plus élevés que l'on est moins proche parent ou étranger.

---

1. *Exemple :* Louis, Jules et François meurent sans enfants, laissant chacun 40.000 fr. 1° Louis a ses père et mère, mais il n'a ni frères ni sœurs : le père héritera de 20.000 fr. et la mère de 20.000 fr. Si un seul survivait, il recueillerait toute la succession.

2° Jules n'a plus ni père ni mère, mais il a des frères et sœurs. Ceux-ci se partageront la succession par portions égales.

3° François a ses père et mère et un ou plusieurs frères ou sœurs. Le père aura le quart, soit 10.000 fr., la mère 10.000 fr. ; les frères et sœurs se partageront le reste. Si le père seul ou la mère seule survivait, cet unique survivant aurait le quart de la succession et les frères et sœurs se partageraient les 30.000 francs.

Si un ou plusieurs des frères ou sœurs étaient morts laissant des descendants, ceux-ci succèdent *par représentation.* (Voir 1er exemple, 2° et 3°, p. 111, en note.)

2. La succession est alors divisée en deux portions égales ; la moitié est attribuée au plus proche ascendant ou, à défaut d'ascendant, au plus proche parent de la ligne paternelle ; l'autre moitié au plus proche ascendant ou, à son défaut, au plus proche parent de la ligne maternelle. (Si, dans une ligne, deux ascendants ou plusieurs parents sont au même degré, ils succèdent par portions égales.)

Les ascendants succèdent, à l'exclusion de tous autres, aux choses par eux données à leurs enfants ou descendants décédés sans postérité, lorsque les objets donnés se retrouvent en nature dans la succession.

Si, dans une des deux lignes, il n'y a ni ascendants, ni autres parents, la moitié affectée à cette ligne est dévolue à l'autre. S'il n'y en a dans aucune des deux lignes, le conjoint survivant, ou, à son défaut, l'État, recueille la succession.

3. Ce qui est dit dans ce n° 40 peut être modifié par des dispositions testamentaires. Voir ci-après, nos 49 et 50.

4. Les successions échues aux mineurs ne peuvent être acceptées que sous bénéfice d'inventaire.

44. Lorsqu'une succession est dévolue à plusieurs personnes, chacune d'elles a droit à en demander le **partage**. Nul ne peut être contraint à demeurer dans **l'indivision**.

Si tous les héritiers sont présents et majeurs, l'apposition des scellés n'est pas nécessaire, et le partage peut être fait dans la forme qu'il leur plait. Dans le cas contraire, le scellé est souvent apposé, et le tribunal de première instance intervient pour la licitation et le partage.

III. DES DONATIONS ENTRE VIFS ET DES TESTAMENTS.

45. On ne peut disposer de ses biens à titre gratuit, que par **donation entre vifs** ou par **testament**.

46. La **donation entre vifs** est un acte par lequel le donateur se dépouille actuellement et irrévocablement de la chose donnée, en faveur du donataire qui l'accepte.

47. Le **testament** est un acte par lequel le testateur dispose, pour le temps où il n'existera plus, de tout ou partie de ses biens, et qu'il peut révoquer.

48. Pour faire une donation entre vifs ou par testament, il faut être sain d'esprit.

49. Toute personne majeure peut disposer de ses biens par testament, si elle ne laisse pas de descendants. Le mineur âgé de 16 ans peut disposer par testament de la moitié des biens dont la loi permet au majeur de disposer.

50. Ceux qui laissent des descendants ne peuvent disposer (par acte entre vifs ou par testament) que de la moitié de leurs biens quand il n'y a qu'un enfant; du tiers quand il y en a deux; du quart quand il y en a trois ou un plus grand nombre [1]. Cette portion de biens dont on peut disposer s'appelle **quotité disponible** [2]. La portion de biens dont on ne peut pas disposer s'appelle la **réserve**.

51. Tous actes portant donations entre vifs seront passés devant notaire, sous peine de nullité.

52. La donation entre vifs n'engagera le donateur et ne produira aucun effet que du jour où elle aura été acceptée en termes exprès [3].

---

1. Si un ou plusieurs de ces enfants sont morts laissant eux-mêmes des fils, on sait que ces fils les *représentent*. (Voir dernière note de la page 111.)

2. Les libéralités, par actes entre vifs ou par testament, ne peuvent excéder la moitié des biens, si, à défaut d'enfant, le défunt laisse un ou plusieurs ascendants dans chacune des lignes paternelle et maternelle, et les trois quarts s'il ne laisse d'ascendants que dans une ligne.

3. La donation entre vifs ne pourra comprendre que les biens présents du donateur.

53. On distingue trois sortes de testaments :

1° Le testament **olographe**, c'est-à-dire écrit en entier, daté et signé de la main du testateur[1] ;

2° Le testament **par acte public**, qui est dicté par le testateur au notaire en présence de quatre témoins[2] ;

3° Le testament **mystique** ou **secret**. Il devra être au moins signé de la main du testateur, et remis clos et scellé au notaire devant six témoins (ou le notaire le fera clore et sceller en leur présence).

54. Le testament **olographe** et le testament **secret** sont présentés au président du tribunal de première instance, avant d'être mis à exécution.

55. Les testaments ne peuvent être révoqués, en tout ou en partie, que par un testament postérieur, ou par un acte devant notaire, portant déclaration du changement de volonté.

56. Les testaments postérieurs qui ne révoquent pas d'une manière expresse les précédents, n'annulent dans ceux-ci que les dispositions incompatibles avec les nouvelles.

CHAPITRE V.

Des contrats.

I. DES CONTRATS.

57. Le **contrat** est une convention par laquelle une ou plusieurs personnes s'obligent envers une ou plusieurs autres à donner à faire ou à ne pas faire quelque chose.

58. Quatre choses sont nécessaires pour la validité d'une convention :

Il est permis au donateur de réserver l'usufruit pour soi ou pour un tiers.
Les donations entre vifs sont révoquées de plein droit si quelqu'un qui n'avait point de descendants a un enfant après la donation. Elles peuvent être révoquées par le tribunal pour cause d'ingratitude : par exemple, si le donataire refuse des aliments au donateur, ou pour cause d'inexécution des charges.

1. S'il est écrit sur papier non timbré, il est valable ; mais le droit de timbre sera payé plus tard, avec une amende.
La prudence commande de prendre les mesures nécessaires pour empêcher qu'il ne soit perdu ou soustrait (par exemple, le déposer chez un notaire, etc.)

2. Il peut encore y avoir deux notaires et deux témoins ; un des notaires écrit sous la dictée. Le testateur, s'il le peut, et les témoins (ou au moins la moitié des témoins dans les campagnes) doivent signer. Les légataires ou leurs parents, et les clercs des notaires ne peuvent être témoins. Les femmes peuvent être témoins.

1° Le consentement de la partie qui s'oblige [1];
2° La capacité de contracter [2];
3° Un objet certain qui forme la matière de l'engagement;
4° Une cause licite dans l'obligation [3].

59. Le contrat est **synallagmatique** ou **bilatéral** lorsque les contractants s'obligent réciproquement les uns envers les autres. Ex.: la **vente,** l'échange, le **contrat de louage,** le contrat de société, etc. [4].

60. Il est **unilatéral** lorsqu'une ou plusieurs personnes s'engagent envers une ou plusieurs autres sans qu'il y ait réciprocité d'engagement, comme un prêt.

II. DE LA PREUVE DES OBLIGATIONS ET DES PAIEMENTS. ACTES AUTHENTIQUES. — ACTES SOUS SEING PRIVÉ.

61. Celui qui réclame l'exécution d'une obligation, doit la prouver.

Réciproquement, celui qui se prétend libéré, doit justifier le paiement ou le fait qui a produit l'extinction de son obligation.

62. Les preuves sont: 1° une preuve écrite (acte authentique ou acte sous seing privé); 2° la preuve testimoniale; 3° un aveu; 4° le serment déféré par une des parties ou par le juge, etc.

63. Il doit être passé acte devant notaire ou sous seing privé de toutes choses excédant la somme ou valeur de 150 francs.

Sauf un petit nombre de cas, la preuve testimoniale n'est pas admise au-delà de 150 francs.

64. L'acte **authentique** est celui qui a été fait selon les formalités légales, par des personnes revêtues d'un caractère officiel ou public. (Ex.: **actes notariés,** actes judiciaires, etc.)

---

1. Ainsi, il n'y a point de consentement valable s'il a été donné par erreur, extorqué par violence ou surpris par dol (tromperie, fraude).

2. Sont incapables les mineurs, les interdits, etc. Ainsi le contrat fait par un mineur pourrait être annulé, s'il lui était préjudiciable.

3. L'obligation sans cause, ou sur une fausse cause, ou sur une cause illicite, ne peut avoir aucun effet.

La cause est illicite quand elle est prohibée par la loi, contraire aux bonnes mœurs ou à l'ordre public.

4. Un contrat à *titre onéreux* est celui qui assujettit chacune des parties à donner ou à faire quelque chose. Ex.: une vente.

Le contrat de *bienfaisance* est celui dans lequel une des parties procure à l'autre un avantage purement gratuit. Ex.: une donation.

Le contrat *aléatoire* est celui où l'on court le risque de perdre ou la chance de gagner. Ex.: le contrat d'assurance, le jeu et le pari, le contrat de rente viagère.

La loi n'accorde aucune action pour une dette de jeu ou pour le paiement d'un pari (sauf quelques jeux qui tiennent à l'adresse et à l'exercice du corps).

65. L'acte **sous seing privé** est celui qui est fait sans l'intervention d'un officier public, et sous la seule signature des parties.

66. L'acte sous seing privé peut servir à prouver tous les contrats, sauf ceux dont l'authenticité est requise par la loi. Il a, entre ceux qui l'ont souscrit et entre leurs héritiers et ayant-cause, la même foi que l'acte authentique [1].

67. Les actes sous seing privé qui contiennent des conventions synallagmatiques doivent, pour être valables, réunir trois conditions :

1° Ils doivent être signés par toutes les parties ;

2° Il faut qu'ils soient faits en autant d'originaux qu'il y a de parties ayant un intérêt distinct ;

3° Chaque original doit porter la mention du nombre des originaux.

68. Le billet ou la promesse sous seing privé par lequel une seule partie s'engage envers l'autre à lui payer une somme d'argent ou une chose appréciable, doit être écrit en entier de la main de celui qui le souscrit ; ou du moins il faut qu'outre sa signature il ait écrit de sa main un **bon** ou un **approuvé**, portant en toutes lettres la somme ou la quantité de la chose. Ex.: **Bon pour la somme de...** [2].

69. Les actes sous seing privé doivent être rédigés sur papier timbré, sous peine d'amende s'ils viennent à être produits en justice [3].

Pour qu'on puisse faire usage devant la justice d'un acte sous seing privé, il faut qu'il soit enregistré [4].

70. Toute facture acquittée, quittance ou reçu, dont le montant dépasse 10 fr., doit porter un timbre mobile de 10 centimes, qui est à la charge de l'acheteur. Ce timbre doit être immédiatement

---

1. Celui auquel on oppose un acte sous seing privé est obligé d'avouer ou de désavouer formellement son écriture ou sa signature. S'il les désavoue, ou si ses héritiers ou ayant-cause déclarent ne les point connaître, la vérification en est ordonnée en justice.

2. Excepté dans le cas où l'acte émane de marchands, artisans, laboureurs, vignerons, gens de journée et de service.

Pour les actes sous seing privé autres que ceux qui sont énumérés dans le no 68, le signataire, s'il ne les a pas écrits lui-même, fait ordinairement précéder sa signature de la mention suivante écrite de sa main : *Approuvé l'écriture ci-dessus.*

3. Il est défendu, sous peine d'une amende de 5 fr., d'écrire sur l'empreinte du timbre, soit sec, soit noir ; mais le revers des empreintes peut être couvert d'écriture.

4. Les actes sous seing privé n'ont de date contre les tiers que :

1° Du jour où ils ont été enregistrés ;

2° Du jour de la mort de celui ou de l'un de ceux qui les ont souscrits ;

3° Ou du jour où leur substance est constatée dans des actes dressés par des officiers publics, tels que procès-verbaux de scellés ou d'inventaire.

oblitéré par l'apposition à l encre noire, en travers du timbre, de la **signature** de celui qui acquitte et de la **date** de l'oblitération.

Cette signature peut être remplacée par une griffe apposée à **l'encre grasse,** faisant connaître la résidence, le nom ou la raison sociale [1] du créancier, et la date de l'oblitération du timbre.

On peut faire timbrer à l'avance au bureau de l'enregistrement des formules imprimées pour quittances et reçus. Dans les formules timbrées à l'avance par l'enregistrement, on ne doit pas oblitérer le timbre; il est même défendu sous peine d'amende d'écrire sur le timbre. (Voir page 116, note 3.)

III. DE LA VENTE.

71. La **vente** est une convention par laquelle l'un s'oblige à livrer une chose et l'autre à la payer. Elle peut être faite par acte authentique ou sous seing privé.

72. La vente est parfaite entre les parties, et la propriété est acquise de droit à l'acheteur à l'égard du vendeur, dès qu'on est convenu de la chose et du prix, quoique la chose n'ait pas encore été livrée ni le prix payé.

73. La promesse de vente vaut vente, lorsqu'il y a consentement réciproque des deux parties sur la chose et sur le prix.

74. Si l'acheteur a donné des arrhes [2], les deux parties peuvent se dédire : l'acheteur en abandonnant ses arrhes, le vendeur en rendant le double.

75. Les frais d'actes et autres accessoires à la vente sont à la charge de l'acheteur.

76. Le vendeur est tenu d'expliquer clairement ce à quoi il s'oblige. Tout pacte obscur ou ambigu s'interprète contre le vendeur.

77. Il a deux obligations principales : 1° celle de **délivrer** la chose qu'il vend, c'est-à-dire de la mettre en la possession de l'acheteur [3];

2° Celle de la **garantir.**

La garantie que le vendeur doit à l'acquéreur a deux objets : le premier est la possession paisible de la chose vendue [4]; le second, les défauts cachés de cette chose ou les vices **rédhibitoires.**

78. Le vendeur est tenu de la garantie à raison des défauts

---

1. Exemple de raison sociale : *Hachette et Cie.*

2. On appelle *arrhes* une somme d'argent (ou toute autre chose mobilière) que l'une des parties remet à l'autre au moment de la conclusion du contrat.

3. Les frais de l'enlèvement sont à la charge de l'acheteur, s'il n'y a pas eu stipulation contraire.

4. *Exemple :* Un tiers vient réclamer l'objet, le vendeur est responsable.

cachés [1] de la chose vendue, qui la rendent impropre à l'usage auquel on la destine, ou qui diminuent tellement cet usage que l'acheteur ne l'aurait pas acquise, ou n'en aurait donné qu'un moindre prix s'il les avait connus.

L'acheteur a le choix de rendre la chose ou de se faire rendre une partie du prix. — Les réclamations doivent se faire dans un bref délai [2].

79. Quand il s'agit d'immeubles, le contrat de vente doit être transcrit au bureau des hypothèques de l'arrondissement ; il faut aussi payer les frais de **mutation**, etc.

80. Si le vendeur a été lésé de plus de sept douzièmes dans le prix d'un immeuble, il a le droit de demander la **rescision** (annulation) de la vente. Elle n'a pas lieu pour les ventes qui ne peuvent être faites que par autorité de justice [3].

81. **Vente sur licitation.** Si une chose commune à plusieurs ne peut être partagée commodément et sans perte,

Ou si, dans un partage fait de gré à gré de biens communs, il s'en trouve quelques-uns qu'aucun des copartageants ne puisse ou ne veuille prendre,

La vente s'en fait aux enchères, et le prix en est partagé entre les copropriétaires.

Chacun des copropriétaires est maître de demander que les étrangers soient appelés à la **licitation** ; ils sont nécessairement appelés lorsque l'un des copropriétaires est mineur [4].

IV. DU CONTRAT DE LOUAGE.

82. Le **louage** est un contrat par lequel une personne s'engage à faire jouir une autre de son travail ou d'un bien, moyennant un prix déterminé que celle-ci s'oblige de lui payer.

83. On distingue ainsi le louage des choses et celui d'ouvrage.

---

1. Il est tenu des vices cachés, quand même il ne les aurait pas connus, à moins de convention contraire. Le vendeur n'est pas responsable des vices apparents et dont l'acheteur a pu se convaincre lui-même. — Il n'y a pas d'action à intenter pour vices rédhibitoires dans les ventes faites par autorité de justice.

2. Dans les 9 ou quelquefois dans les 30 jours pour les ventes d'animaux, suivant les maladies ; pour les ventes d'immeubles, le délai est laissé à l'appréciation des juges.

3. Certaines ventes se font par autorité de justice, soit après saisie et expropriation pour cause de dettes, soit quand il s'agit de biens appartenant à des mineurs ou autres *incapables*.

4. Ainsi, on appelle *vente sur licitation* la vente à l'enchère d'une propriété appartenant en commun à *plusieurs* personnes. — Si *tous* les copropriétaires sont *majeurs, présents* et *d'accord*, la vente peut avoir lieu entre eux, devant notaire, et à l'exclusion des étrangers. — Dans le cas contraire, la vente se fait par les voies judiciaires, et les étrangers sont admis de droit à enchérir.

84. On appelle **bail à loyer** le louage des maisons et celui des meubles, — **bail à ferme** celui des héritages ruraux.

85. Baux des maisons et des biens ruraux. — On peut louer par écrit ou verbalement. (Ce dernier mode prête plus aux contestations)[1].

86. Le preneur a le droit de sous-louer, ou même de céder son bail à un autre, si cette faculté ne lui a pas été interdite.

87. Le bail cesse de plein droit à l'expiration du terme fixé, lorsqu'il a été fait par écrit, sans qu'il soit nécessaire de donner congé. Si le bail a été fait sans écrit, l'une des parties ne peut donner congé à l'autre qu'en observant les délais fixés par l'usage des lieux. La preuve du congé doit être écrite[2].

88. En prenant possession d'un immeuble loué, il est bon de faire un **état des lieux,** c'est-à-dire un écrit signé du propriétaire et du locataire, et indiquant en détail l'état de l'immeuble et des objets: sans cela, le locataire est censé, sauf preuve contraire, avoir reçu en bon état la chose louée, et doit la rendre aussi en bon état.

89. Les **grosses réparations** sont à la charge du propriétaire; les petites réparations ou **réparations locatives** sont à la charge du locataire.

90. En cas d'incendie, le locataire est responsable, à moins qu'il ne prouve que l'incendie est arrivé par cas fortuit ou force majeure, ou par vice de construction, ou que le feu a été communiqué par une maison voisine[3].

91. Louage des domestiques et des ouvriers. — On ne peut engager ses services qu'à temps, ou pour une entreprise déterminée.

92. Des voituriers par terre et par eau. — Ils sont responsables de la perte ou des avaries des choses qui leur sont confiées, à

---

1. La rédaction des clauses d'un bail doit être faite avec soin. L'enregistrement est obligatoire pour tous les baux ; il doit être payé dans les trois mois de la date de l'acte pour les baux faits sous seing privé.

2. Si le bailleur vend la chose louée, l'acquéreur ne peut expulser le fermier ou le locataire qui a un bail authentique, ou dont la date est certaine, à moins qu'il ne se soit réservé ce droit par le contrat de bail.

Si un bail est fait, par exemple, pour 3, 6 ou 9 ans, à la volonté du preneur, celui-ci ne peut résilier le bail au bout de trois ou de six ans sans avertir *six mois* à l'avance.

3. S'il y a plusieurs locataires, tous sont responsables de l'incendie, proportionnellement à la valeur locative de la partie de l'immeuble qu'ils occupent, à moins qu'ils ne prouvent que l'incendie a commencé dans l'habitation de l'un d'eux, qui est alors seul responsable, ou que quelques-uns ne prouvent que l'incendie n'a pu commencer chez eux: ceux-là sont alors dégagés de toute responsabilité.

moins qu'ils ne prouvent qu'elles ont été perdues ou avariées par cas fortuit ou force majeure.

93. Devis et marchés. — Si l'édifice construit à prix fait périt en tout ou en partie par le vice de la construction, même par le vice du sol, les architecte et entrepreneurs en sont responsables pendant dix ans.

94. Le maître peut résilier, par sa seule volonté, le marché à forfait, quoique l'ouvrage soit déjà commencé, en dédommageant l'entrepreneur de toutes ses dépenses, de tous ses travaux et de tout ce qu'il aurait pu gagner dans cette entreprise.

V. DU CONTRAT DE SOCIÉTÉ.

95. La **société** est un contrat par lequel deux ou plusieurs personnes conviennent de mettre quelque chose en commun, dans la vue de partager le bénéfice qui pourra en résulter.

96. Toute société doit avoir un objet licite et être contractée pour l'intérêt commun des parties.

Chaque associé doit y apporter ou de l'argent ou d'autres biens, ou son industrie.

97. Toutes sociétés doivent être rédigées par écrit, lorsque leur objet est d'une valeur de plus de 150 francs.

VI. DU MANDAT OU PROCURATION.

98. Le **mandat** ou **procuration** est un acte par lequel une personne donne à une autre le pouvoir de faire quelque chose pour le mandant et en son nom. Le contrat ne se forme que par l'acceptation du mandataire.

99. La procuration peut être donnée :

1° Par un acte public ;
2° Par un écrit sous seing privé ;
3° Même par une simple lettre.

Elle peut aussi être donnée verbalement ; mais alors la preuve testimoniale n'en peut être reçue pour une valeur dépassant 150 fr.

100. Le mandataire est tenu d'accomplir le mandat tant qu'il en demeure chargé, et il est obligé de rendre compte de sa gestion.

101. Le mandant est tenu d'exécuter les engagements contractés par le mandataire, conformément au pouvoir qui lui a été donné.

VII. PRÊT, CAUTIONNEMENT, TRANSACTION.

102. Le taux légal du prêt est de 4 0/0 pour les affaires civiles.

103. Celui qui se rend **caution** d'une obligation, se soumet envers le créancier à satisfaire à cette obligation, si le débiteur n'y satisfait pas lui-même.

104. La **transaction** est un contrat par lequel les parties terminent une contestation née, ou préviennent une contestation à naître, par des concessions réciproques.

Ce contrat doit être rédigé par écrit.

CHAPITRE VI.

Des privilèges et des hypothèques.

105. Les biens du débiteur sont le gage commun de ses créanciers, et le prix s'en distribue entre eux en proportion du montant de leurs créances, à moins qu'il n'y ait entre les créanciers des causes légitimes de préférence.

106. Les causes légitimes de préférence sont les **privilèges** et les **hypothèques.**

I. DU PRIVILÈGE.

107. Le **privilège** est un droit que la qualité de la créance donne à un créancier, de se faire payer sur certains objets préférablement aux autres créanciers, même hypothécaires.

108. Les créances privilégiées sur **la généralité des meubles** sont les suivantes, et elles s'exercent dans l'ordre de leur énumération ci-après :

1° Les frais de justice ;
2° Les frais funéraires ;
3° Les frais de la dernière maladie;
4° Les salaires des gens de service pour l'année échue et ce qui est dû sur l'année courante ;
5° Les fournitures de subsistances faites pendant les six derniers mois au débiteur et à sa famille par les marchands en détail (boulanger, boucher, etc.), et pendant la dernière année par les maîtres de pension et les marchands en gros ;
6° Les indemnités pour frais médicaux, pharmaceutiques, dus à l'ouvrier en cas d'accident du travail.

A défaut de mobilier, ces créances se paient avant toutes les autres sur les immeubles.

109. Il y a des créances privilégiées **sur certains meubles,** d'autres **sur les immeubles** [1].

---

1. *Exemple :* Les sommes dues pour les semences ou pour les frais de la récolte de l'année sont payées sur le prix de la récolte ; celles dues pour ustensiles, sur le prix de ces ustensiles ; les loyers et fermages des immeubles, sur les fruits de la récolte de l'année et sur le prix de tout ce qui garnit la maison louée ou la ferme ; les fournitures d'un aubergiste, sur les effets

II. DE L'HYPOTHÈQUE.

110. L'**hypothèque** est un droit réel sur les immeubles affectés à l'acquittement d'une obligation [1]. Elle les suit dans quelques mains qu'ils passent.

111. L'hypothèque peut être **légale, judiciaire** ou **conventionnelle.**

112. L'hypothèque **légale** est celle qui résulte de la loi. Elle est attribuée :

1° Aux femmes mariées sur les biens de leur mari ;

2° Aux mineurs et interdits sur les biens de leur tuteur ;

3° A l'Etat, aux communes et aux établissements publics sur les biens des receveurs et administrateurs comptables.

Le créancier qui a une hypothèque légale peut exercer son droit sur tous les immeubles qui appartiennent ou pourront appartenir au débiteur.

113. L'hypothèque **judiciaire** est celle qui résulte des jugements de condamnation ou actes judiciaires. Elle peut s'exercer sur tous les immeubles actuels et futurs du débiteur [2].

114. L'hypothèque **conventionnelle** est celle qui résulte d'un contrat ou convention entre le créancier et le débiteur.

Elle ne peut être consentie que par celui qui a capacité pour aliéner les immeubles qu'il y soumet, et par acte passé en forme authentique devant deux notaires, ou devant un notaire et deux témoins.

Cet acte ou un acte authentique postérieur doit déclarer la nature et la situation des immeubles hypothéqués.

115. L'hypothèque n'a de rang que du jour de l'inscription prise par le créancier sur le registre du conservateur des hypothèques de l'arrondissement où sont situés les biens hypothéqués. Cette inscription est indispensable pour faire valoir et vérifier son droit hypothécaire [3].

116. Si plusieurs créanciers ont pris hypothèque sur le même

---

du voyageur qui ont été transportés dans son auberge ; les frais de voiture sur la chose voiturée, etc.

Le vendeur est créancier privilégié sur l'immeuble vendu, pour le paiement du prix, etc.

Ces privilèges sur les immeubles sont rendus publics par inscription sur les registres du conservateur des hypothèques.

1. Voir 2e alinéa du no 34, page 101, et les définitions plus simples des dictionnaires.

2. *Exemple :* Je suis condamné à payer 10.000 fr. à un créancier : ce créancier a dès lors un droit d'hypothèque sur mes biens.

3. L'hypothèque accordée aux femmes, aux mineurs et aux interdits (no 112), existe indépendamment de toute inscription ; les maris et les tuteurs sont toutefois tenus de rendre ces hypothèques publiques en les faisant inscrire.

immeuble, ils sont remboursés dans l'ordre de leur inscription. On a donc intérêt à prêter **sur première hypothèque.**

117. L'inscription ne conserve le privilège ou l'hypothèque que pour dix ans, à compter du jour de sa date. Il faut donc avoir soin de renouveler cette inscription avant l'expiration des dix ans.

118. Les inscriptions sont rayées du consentement des intéressés, donné par acte notariée ou en vertu d'un jugement.

119. L'acquéreur d'un immeuble hypothéqué doit s'abstenir d'en payer le prix au vendeur: il doit avoir soin de payer d'abord les créanciers hypothécaires [1].

Quand on veut acheter un immeuble, il est prudent de s'informer s'il n'est pas hypothéqué [2]; les conservateurs des hypothèques sont tenus de délivrer à tous ceux qui le requièrent, copie des actes transcrits sur leurs registres et celle des inscriptions subsistantes, ou certificat qu'il n'en existe aucune.

CHAPITRE VII.

De la prescription.

120. La prescription est un moyen d'acquérir ou de se libérer par un certain laps de temps, et sous les conditions déterminées par la loi [3].

121. Ainsi : 1° Quelqu'un a possédé comme sien un immeuble pendant trente ans ; la possession a été continue et non interrompue, paisible, publique, non équivoque ; quoiqu'il ne puisse fournir aucun titre, cet immeuble lui appartient (même au point de vue de la conscience, s'il a été de bonne foi).

2° Quelqu'un achète de bonne foi un immeuble d'une personne qu'il en croyait propriétaire, mais qui ne l'était pas : il y a prescription après 10 ou 20 ans, suivant que le véritable propriétaire habite ou non dans le ressort de la cour d'appel où l'immeuble est situé.

3° Certaines servitudes s'établissent par une jouissance de trente ans. Les servitudes sont éteintes par le non-usage pendant trente ans.

4° Un hôtelier, un ouvrier, laissent passer six mois; un médecin, un pharmacien, un marchand qui vend à des particuliers non marchands, un domestique qui se loue à l'année, laissent passer un

---

1. Autrement il pourrait se trouver obligé de payer une seconde fois.

2. Si, en effet, le montant des créances hypothécaires dépassait le prix de vente, tout créancier hypothécaire qui ne serait pas payé et qui croirait ce prix trop faible pourrait, moyennant certaines conditions, requérir une seconde vente aux enchères, etc.

3. La prescription ne court pas contre les mineurs et les interdits (sauf les prescriptions citées ci-dessus, n° 121, 4° et 5°, etc.).

an sans réclamer ce qui leur est dû : il y a prescription ; le juge ne peut faire payer si le débiteur jure que le payement a été fait [1].

5° Les loyers des maisons, les prix de ferme des biens ruraux, l'intérêt d'une somme, se prescrivent par cinq ans ; etc. [2].

6° Il y a prescription après dix ans pour les crimes, si dans cet intervalle il n'a été fait aucun acte d'instruction ni de poursuite ; après trois ans pour les délits, après un an pour les contraventions [3].

---

1. Ou si les veuves, héritiers ou tuteurs jurent qu'ils ne savent pas que la chose soit due.

2. En fait de meubles, la possession vaut titre.

Néanmoins, celui qui a perdu ou auquel il a été volé une chose, peut la revendiquer pendant trois ans, à compter du jour de la perte ou du vol, contre celui dans les mains duquel il la trouve ; sauf à celui-ci son recours contre celui dont il la tient.

Si le possesseur actuel de la chose volée ou perdue l'a achetée dans une foire ou dans un marché, ou dans une vente publique, ou d'un marchand vendant des choses pareilles, le propriétaire originaire ne peut se la faire rendre qu'en remboursant au possesseur le prix qu'elle lui a coûté.

3. « L'infraction que les lois punissent des peines de *police* est une contravention. » (Maximum de ces peines : 5 jours de prison, 15 fr. d'amende.) Ex. : tapage nocturne, refus de concours en cas d'incendie, circulation de voitures pendant la nuit sans lanterne allumée, etc.

« L'infraction que les lois punissent de peines *correctionnelles* est un délit. » (Ces peines sont un emprisonnement de 6 jours à 5 ans, des amendes de 16 francs à 20,000 fr., etc.) Ex. : vol, escroquerie, abus de confiance, etc.

« L'infraction que les lois punissent d'une peine *afflictive* ou *infamante* est un crime. » Les peines à la fois afflictives et infamantes sont : la mort, les travaux forcés, la déportation, la détention, la réclusion (emprisonnement de 5 à 10 ans dans une *maison centrale*). Les peines infamantes sont le bannissement, la dégradation civique. — Exemple de crimes : assassinat, incendie, faux témoignage, fabrication de fausse monnaie, faux en écriture, etc.

TABLE DES MATIÈRES.

PREMIÈRE PARTIE.

INSTRUCTION MORALE.

CHAPITRE PREMIER.

Notions préliminaires.

CHAPITRE II.

Des devoirs de l'homme envers Dieu.

CHAPITRE III.

Des devoirs de l'homme envers lui-même.

CHAPITRE IV.

Des devoirs envers le prochain.

CHAPITRE V.

De l'administration locale, et de l'administration civile en particulier.

CHAPITRE VI.

Des services publics.

CHAPITRE VII.

Du domaine de l'Etat.

TROISIÈME PARTIE.

NOTIONS ÉLÉMENTAIRES D'ÉCONOMIE POLITIQUE.

CHAPITRE PREMIER.

Notions générales.

CHAPITRE II.

De la production de la richesse.

CHAPITRE III.

De la circulation de la richesse.

CHAPITRE IV.

De la distribution de la richesse.

CHAPITRE V.

De la consommation de la richesse.

QUATRIÈME PARTIE.

NOTIONS ÉLÉMENTAIRES DE DROIT USUEL.

CHAPITRE PREMIER.

De la minorité.

CHAPITRE II.

Des biens et de la propriété.

CHAPITRE III.

Des servitudes.

CHAPITRE IV.

Des successions. — De la donation entre vifs ou par testament.

CHAPITRE V.

Des contrats.

CHAPITRE VI.

Des privilèges et des hypothèques.

CHAPITRE VII.

De la prescription.

14.139. — Imp. Desclée, De Brouwer et Cie. — Lille.

DESCLÉE & Cie, ÉDITEURS

CLASSIQUES PRIMAIRES par S. M.

Collection de 12 Tableaux pour l'enseignement de la lecture	4 »
La Même, sur carton	10 »
Méthode de lecture formant un syllabaire	» 40
Premier livre de lecture	» 80
Second livre de lecture	1 25
Troisième livre de lecture	1 50
Premières notions de Grammaire française (n° 1)	1 25
» » » Corrigé des Exercices	2 »
Abrégé de la Grammaire française (n° 2)	» 80
Exercices élémentaires de français (n° 1)	1 20
Corrigé des Exercices élémentaires de français (n° 1)	2 50
Exercices de français (n° 2)	1 50
Corrigé des Exercices de français (n° 2)	4 »
Arithmétique des commençants (n° 1)	» 75
» » » Solutions	1 »
Premières notions d'Arithmétique (n° 2)	1 »
» » » Solutions	1 50
Éléments d'Arithmétique (n° 3)	1 75
» » Solutions	4 50
Géométrie pratique	1 50
Premières notions d'Histoire Sainte (n° 1)	» 35
Abrégé de l'Histoire Sainte (n° 2)	» 60
Notions d'Histoire de l'Eglise	» 60
Notions d'Histoire ancienne	» 80
Enseignement moral et civique	» 75
Nouvelle méthode élémentaire de musique vocale	1 25
Premières notions de Géographie (texte-atlas) L. ALAIN	0 75
Géographie des écoles primaires (texte-atlas) »	1 50
Premières notions d'Histoire de France	0 85
Histoire de France des écoles primaires	1 50
Méthode d'écriture courante et de calligraphie J. LEGROS — Le cahier, 0,10 ; le cent, 7,00 ; le mille,	65 »
Partie du Maître, expliquant les 10 cahiers qui composent la méthode J. LEGROS	» 30
Cérémonial selon le rit romain à l'usage des enfants de chœur	1 25
Petit Manuel destiné aux Réunions des Congrégations de la T. Ste Vierge. Édition en noir, broché	» 30
Cartonné	» 50
Edition en rouge et noir, avec filets rouges. Broché	» 60
Percaline tranche dorée, 0,90 ; Chagrin	2 »

www.ingramcontent.com/pod-product-compliance
Ingram Content Group UK Ltd.
Pitfield, Milton Keynes, MK11 3LW, UK
UKHW021101200726
13857UKWH00003B/1048